授業で生きる
知覚−運動学習

障害のある子どもの
知覚や認知の発達を促す学習教材

川間 健之介　監修
坂本 茂●佐藤 孝二●清水 聡
清野 祥範●小泉 清華　編著

監修のことば

　障害のある子どもたちの学習の理論はピアジェやワロンなどの発達理論に基づいたものが多くあります。一方、指導法や教材については、イタール、セガン、モンテッソーリの流れがあり、知覚－運動学習の創始者であるニューウェル・ケファートもこの流れの中に位置づけられます。

　さて、本文にも書いてありますが、40 年前の桐が丘養護学校では、脳性まひ児が増え、おおむね知的発達の遅れはないけれど教科の学習に著しい困難のある児童生徒が増えていました。困難の原因がもともとの脳損傷のためなのか、運動障害のためなのか、運動障害による経験不足のためなのか、議論が繰り返されます。そんな中、ケファートの知覚－運動学習に基づいた実践が始まります。ケファートの著書 "The Slow Learner in the Classroom" を辞書を引きながら勉強会を行い、学んだことを日々の授業で確かめ、指導法を開発していきました。そして PLM 知覚・運動学習教具という優れた教材も開発します。

　筑波大学附属桐が丘特別支援学校では、この十数年、国語や算数・数学において学ぶことに困難がある児童生徒のための手立てや配慮事項について研究し、その成果を『肢体不自由のある子どもの教科指導Q＆A』『肢体不自由教育の理念と実践』『「わかる」授業のための手だて—子どもに「できた!」を実感させる指導の実際』(以上、ジアース教育新社) にまとめてきました。一方、本書は、手立てや配慮ではなく、彼らの困難をどう解決し、発達を促すのかという実践が提案されています。冒頭に述べたイタール、セガンから始まる障害児教育の指導法や教材論がケファートを経て本書に引き継がれています。先人の偉大さを感じるとともに、日々の子どもたちの学びの喜びに必ずつながるものと確信しています。

平成 29 年 10 月

筑波大学人間系教授

前　筑波大学附属桐が丘特別支援学校長　川間　健之介

まえがき

　私たちの知覚−運動学習研究グループの発足は，40年以上前まで遡ります。発足当時は，脳性まひ児の学習困難について，学習レディネスの形成，特に知覚教材を中心とした学習レディネスカードの考案・作成を行い，続いて脳性まひ児を中心とした幼児を含む心身障害児のための知覚−運動学習の指導計画の作成，指導のための実践研究へと発展させてまいりました。

　こうした研究を進めていく際，参考にしたのが，欧米を中心に行われてきた学習障害児研究でした。詳しくは後述しますが，中でも注目したのが，知覚運動学派に属するケファートの知覚運動理論，考え方でした。私たちがケファートの理論や考え方に注目したのは，彼のいう粗大−微細運動，運動−知覚，知覚−運動，知覚，知覚−概念，言語−概念，概念という学習系列の構造理論がわかりやすく，しかも彼らが研究対象とした子どもたちの行動特性が，私たちが研究対象とした脳性まひ児が示す行動特性と似たところがあったからにほかなりません。私たちが使っている知覚−運動学習研究グループという名前も，そこに由来します。

　そして，昭和54年（1979年）の養護学校の義務制を境にして，子どもたちの実態は重度化，多様化の傾向を示すようになり，いわゆる発足当初の教科学習につなげていくための学習レディネスづくりといった指導は少なくなり，子どもの感覚や意識性，動きといったものをどう高め，導き出すかということが，私たちの関心及び重要課題となってまいりました。

　そうした経過の中で，障害の重い子どもたちを焦点にしてまとめたものが，『子どもが喜ぶ感覚運動あそび40選─障害の重い子のために』（2006年，福村出版）と『障害の重い子どもの知覚−運動学習─ふれあいあそび教材とその活用』（2014年，ジアース教育新社）です。

本書の第Ⅰ部理論編では，ケファートの知覚運動学習理論による学習の発達段階をおさえながら，発達段階に対応した指導目標・内容を解説します。また，視覚認知や運動機能，視知覚に困難がある子どもの課題とその支援について考えます。

　第Ⅱ部では，「あそびやゲーム的要素を取り入れた知覚－運動学習教材」「視覚認知面の発達を促す指導」「『学習カード』を用いた指導」「『学習シート』を用いた指導」などの学習教材についてまとめてみました。これらの学習教材は，比較的軽度な障害の子どもたちの知覚－運動能力面や視知覚，認知面の発達を促していくことを意図しています。

　その意味で本書は，脳性まひ児に限らず，学習上，発達上，知覚－運動や視知覚面で課題を有する様々な子どもたちの学習指導において役立つものと考えています。

　最後に，執筆にあたっては，巻末に示すように，多くの文献を参考にさせていただきました。とりわけ，知覚－運動学習研究グループの実践や考え方の活用がなければ本書はなかったと思います。研究グループの多くの皆様にそのことをお断りし，この場をお借りして厚く御礼を申し上げます。また，実践に際して一緒に取り組んでくれた子どもたちの存在がなければ，本書はありませんでした。そのときの子どもたちが示した笑顔や真剣な眼差しは忘れることができません。ありがとうございました。

平成 29 年 10 月

執筆者一同

Contents

監修のことば

まえがき

第1部　理論編

第1章　知覚－運動学習とは …………………………………12

1. 知覚－運動学習とは　………………………………12

2. 発達段階と指導内容 …………………………………15

第2章　視知覚の課題 ……………………………………18

1. 視知覚の課題　………………………………………18

2. 感覚と運動機能に関する課題 ………………………21

3. 視覚に関する学習面の課題 …………………………23

4. 支援の方向性 …………………………………………24

第3章　肢体不自由の子どもたち ……………………30

1. 脳性まひ (痙直型 PVL) の児童の視知覚認知能力 …30

2. 教材開発の考え方とねらい …………………………31

第2部　実践編 ～知覚－運動学習の教材を用いて～

第1章　あそびやゲーム的要素を取り入れた知覚－運動学習教材 …34

1. 授業の年間計画と授業内容 …………………………35

2. 音楽に合わせて体を動かす教材 ……………………36

（1）はじまりの活動（導入）…………………………36

　　1　なかよしタンタンタンでごあいさつ／36

2　手をたたこう／38

　　3　花／40

　　4　あらし／42

　　5　かめさんになろう／44

　（2）おわりの活動（終末）……………………………………………46

　　1　さあまえならえ／46

　　2　まえにだし，よこにだし！／48

　　3　おばけだぞ！／50

　　4　深呼吸／51

　　5　なかよしタンタンタンでさようなら／52

3．粗大運動あそび　………………………………………………53

　　1　ボートになってゆれよう！／54

　　2　大玉にのってゆらゆら！／56

　　3　ボールころがし／58

　　4　カラーマットの島まで移動／60

4．「さわる」「みる」「きく」教材　……………………………62

　　1　探してみよう／64

　　2　影あそび「人」／66

　　3　影あそび「なにしている，まねしてみよう！」／68

　　4　何の音？／70

　　5　誰の声かあててみよう！／72

　　6　左からかぞえて何番目，右からかぞえて何番目！／74

　　7　マットをつなげて形を作ってみよう！／76

　　8　マットをつなげて模様を作ってみよう！／78

第2章　視覚認知の発達を促す指導　　　　　　……………………80

1. 視覚認知の発達を促す指導とは　　……………………80
2. 視覚認知を改善する活動例　　………………………80
3. 視覚認知の発達を促す開発教材の紹介　………………………82

　　1　7段パズル／83

　　2　図形描き／86

　　3　図形写し／89

　　4　三角形の合成・分解／91

　　5　図形ならべ／93

第3章　『学習カード』を用いた指導　　………………………95

◆色・音・形・体・概念化の指導における学習カードの作成　………95

　　1　色に関する指導／98

　　2　音に関する指導／102

　　3　形に関する指導／108

　　4　体に関する指導／112

　　5　概念化のための指導／117

第4章　『学習シート』を用いた指導　………………………124

1. はじめに　…………………………124
2. 学習シート（付録 CD-ROM）使用上の留意点　………124
3. 学習シート（付録 CD-ROM）の内容　………………………125
4. 学習シートを用いた指導　………………………126

　　1　視−運動／126

　　2　視覚弁別，形の恒常性，形の模写／128

　　3　図地弁別／130

　　4　視覚閉合／132

　　5　空間認識（空間位置）／133

　　6　空間認識（空間関係）／134

資　料
　　知覚−運動能力発達月齢表　……………………………………………137

引用・参考文献　………………………………………………………144
あとがき　………………………………………………………………145

●付録 CD-ROM の内容
　　1. 『学習カード』　……………………………………………………146
　　2. 『学習シート』　……………………………………………………147

第1部

理論編

第1章 知覚−運動学習とは

1. 知覚−運動学習とは

　「まえがき」でも触れましたが，私たちが研究を進めていく上で参考にしたのが，知覚運動理論派と称されるケファートやクリュックシャンク，フロスティッグらの考え方や実践でした。

　ケファートは，脳機能不全よりも児童心理学の基礎に立つ発達心理的観点から知覚運動学習理論を構成し，それに基づく診断・指導体系を開発したという点で，極めて大きな意義をもっており，参考になることも多くあります。

（1）学習系列の構造

　ケファートは，子どもの発達に関し，運動発達の重要性を指摘し，粗大運動，運動−知覚，知覚−運動，知覚，知覚−概念，言語−概念，概念という学習の発達段階（図1）を想定し，各レベルや各段階の関連を以下のように説明しています。

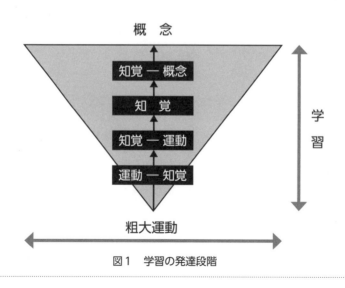

図1　学習の発達段階

①粗大運動レベル

この段階では，何の目的もなく，全身を動かしたり，四肢を伸ばすといった全体的運動が分化する過程と，口に触れたものを吸ったりするという反射活動が統合される過程とが見られます。子どもは，運動を通し，感覚もほとんど同時に作用させて，外界についての情報を得ていく段階であるとしています。

②運動－知覚レベル

この段階では，たとえば，子どもが這って進みながら，感覚器を通して，外界にある物にいかに触れ，いかに見るべきかを学びながら外界の情報を正確に得る段階です。四肢，体幹の運動に基づく探索活動による情報収集から，知覚による情報収集へと移行する段階であるとしています。

③知覚－運動レベル

この段階では，知覚と運動を通して，外界からの情報を収集していく段階です。知覚情報と照合させつつ運動をコントロールしていく時期にあたるとしています。

④知覚レベル

この段階では，子どもは運動を介在せず，知覚のみで，外界の情報を的確に獲得していくことになります。たとえば，2つの図形について，直接手で触れることなく，ただ見るだけの視知覚によりその異同を弁別していくことになります。

⑤知覚－概念レベル

この段階では，知覚的に類似するもの，たとえば，三角形と四角形の2つの図形について，三角形は3つの辺をもち，四角形は4つの辺をもつことから，両者は異なるといったような概念でもって，図形を認知する段階であるとしています。

⑥言語－概念レベル，概念レベル

この段階では，運動や知覚による操作活動をせず，言語を媒介にしながら，分類したり関係づけたりして事物や事象の一般化を図る段階で，こうし

たレベルに達すると，子どもは，言語を操作することによって，記憶や認識等の精神作用を飛躍的に発展させていくことになります。

（2）発達段階のとらえ方

　ケファートは，「生後まもなく開始される探索活動に基づく学習を最下限とした一定の重層的な学習系列の構造を有し，各段階は相互に有機的な統合関係にある。」とし，第1次レベルの粗大運動レベルにおける学習は，第2次レベル以上の学習のレディネスとなり，第2次の運動－知覚レベルにおける学習は，第3次レベル以上のレディネスになるという関係にあるといえます。したがって，あるレベルの情報獲得に偏りがあれば，より上位の情報獲得にも偏りが生じることになります。

（3）発達段階を遡る指導

　障害をもった子どもたちの発達水準は様々であり，発達の様相も一人ひとり特徴的なところが見られます。

　障害が重く，発達が感覚－運動レベルにある子どもには，感覚－運動レベルの指導を中心とした指導を行っていくことが必要です。感覚－運動レベルにいる子どもは，学習や成熟により，なかなか上のレベルにスムーズに進んでいくものではありませんが，こうした場合には，縦の発達よりも横の発達に注目した指導を考えていくことが必要です。

　ここでいう横の発達とは，ある面の広がりということです。A先生と関わりがもてるようになったから，次はB先生とも関わりがもてるようになる，Cという遊びが楽しめるようになったから，次はDの遊びが楽しめるようになる，といったことが大切です。

　また，学習を進めていく上で，学習系列のあるレベルに偏り等が見られるとすれば，その偏りによって，より上位のレベルでのスムーズな学習を困難にしていくと考えることができます。その場合には，偏りがあるレベルまで遡って，そのレベルを改善していくことが必要となってきます。

2．発達段階と指導内容

　当研究グループは，ケファートの学習系列などを参考にしながら，発達段階と指導内容（図2）を作成しました。これは，就学前のいくつかの発達段階にいる子どもたちに対する具体的な指導目標や内容，方法の大枠を示したものです。

　図2について，簡単に説明します。

図2　発達段階と指導目標・内容

発達段階		指導目標・内容	
D	概念と言語—概念レベル	学習シートなど，2次元教材を用いて 文字・数字の命名，識別，表象化などの発達を促し，概念形成を図る。	話しことばや社会性の発達を促す
C	知覚と知覚—運動レベル	おもちゃや知覚運動教具などの3次元教材を用いて 色や形，大きさなどによる物の異同弁別，分類，構成，記憶再生，模写などの発達を促し，外部世界における物の関係把握などの発達を促す。	
		知覚運動活動（あそび）を通して 見る，聞く，物を操作する，動作を模倣するなどの力を養う。	
B	感覚—運動レベル	感覚運動あそびを通して 身体認知，姿勢やバランスの保持，移動などの粗大運動及び眼球運動などの微細運動能力の発達を促す。	
A	基礎レベル	情動的・感覚的なアプローチにより リラクゼーションを図りながら，刺激を受け止め，反応する力，原信頼を養うとともに健康（体力）の保持増進を図り，情緒の安定を図る。	

（1）A段階にいる子ども

　A段階にいる子どもたちの全体的な発達水準は，概ね3〜5か月レベル以下の子どもたちと考えてよいでしょう。この子どもたちは，周りからの働きかけに対する反応が大変乏しい子どもたちですので，やさしく歌いかけ，抱いてリズミカルに揺らすなどの単純で心地よい情動的，感覚的なアプローチを中心とした働きかけを行って，笑顔や快の発声を引き出し，健康の保持や情緒の安定を図り，リラクゼーションを中心とした動作の改善を図っていくことが必要です。

（2）B段階にいる子ども

　B段階の子どもたちは，周りからの感覚的，運動的な働きかけに対して，何とか反応できるようになった子どもたちです。こうした子どもたちには，やさしい感覚運動あそびをたくさん行って，笑顔や発声などを引き出し，反応をより確かなものとし，人や物などの外界と能動的に関わる力をさらに高めていくことが重要です。

　感覚運動遊びを行う中で，体に対する意識性を高め，姿勢保持とバランスの安定を図り，物を転がす，物を受け止めるなどの粗大運動能力や物の動きを目で追うなどの眼球運動の発達を促していくことが必要です。

　この段階にいる子どもの多くは，課題意識の未発達なところがあります。したがって，指導（授業）は遊びという形で基本的に進められていきます。

　感覚遊びや運動遊びという言葉は，よく使われますが，感覚運動遊びという言葉はあまりなじみがありません。実際に，人の活動を見ればわかるように，多くの行為・活動は，感覚と運動とが一体となり，同時体験として行われていくことがほとんどです。したがって，どちらの言葉を使うかは，どこにねらいをおき，その際，いずれの機能が強く関わっているか，その程度によって，感覚遊びや運動遊び，感覚運動遊び，といった言葉を使ってみたらどうかと考えています。

（3）C段階にいる子ども

　C段階にいる子どもとは，概ね2歳から3歳前後のレベルに達している子どもたちです。

　ケファートは，知覚−運動とは，知覚と運動を通して情報を獲得していくこと，知覚とは，知覚のみで情報を獲得していくことであると，分けて説明していますが，しかしながら，上述の通り，実際の子どもの活動を見てみると，知覚と運動との連合による情報獲得なのか，知覚のみによる情報獲得なのか，はっきりしないところがあります。

　そこで，本稿では，知覚−運動レベルと知覚レベルとをまとめてC段階ということにします。このC段階にいる子どもたちに対しては，運動遊びをたくさん行って，見る，聞く，人の動きを模倣する，物を操作するなどの能力の向上を図っていくことが重要です。

　また，おもちゃや知覚運動教具などの3次元教材を使って遊んだり，操作させたりする中で，色，形，大きさなどによる物の異同弁別，分類，構成，記憶再生など，また空間における物の関係把握などの様々な諸能力の発達を促していくことが大切です。

（4）D段階にいる子どもたち

　この段階の子どもたちに対しては，今までに身につけた力をベースにして，学習シートなどの2次元の知覚教材を使った学習をどんどん進めていくことが必要です。この学習が深まると，文字や数字の識別，命名，表象化，概念形成などがさらに促されていくことになります。こうした力を身につけた子どもは小学校に上がる準備ができたと考えてよいと思います。

　なお，話し言葉や社会性の発達を促す指導は，子ども個々の発達水準を見ながら，すべてのレベルを通して行っていくことになります。

第2章 視知覚の課題

1. 視知覚の課題

（1）肢体不自由教育と学習障害研究の関連

　1960年代，当時アメリカで盛り上がりを見せた学習障害研究が日本に紹介されたとき，特に脳性まひ児のような中枢神経系にトラブルのある肢体不自由児が学習時に示す特徴と学習障害のある子どもの特徴が非常に似通っていたため，脳性まひと学習障害との関わりに関連した研究が盛んになったことがありました。

　この似通った特徴とは，たとえば与えられた1枚の紙に自分の名前をバランスよく配置して書けない，あるいは目の前の図形を読み取って写すことが困難である，といった視空間認知などに関連する課題でした。

　この頃，筑波大学附属桐が丘特別支援学校（当時は東京教育大学附属桐が丘養護学校）における校内研究グループ「知覚－運動学習研究グループ」は，当時の認知学習研究者の一人であるケファートの知覚運動学習理論を取り入れ，肢体不自由児への学習支援を念頭に置きながら学習障害研究との関連でリズム運動や感覚運動などの実践研究に取り組んでいました。

　しかし，やがて全国の肢体不自由教育の現場では，義務教育制の導入等により子どもの実態が年々重度重複化していったため，教科学習の指導段階からさらに障害の重い子どもの感覚運動あそびなど就学前段階の指導をどうするかといった課題に移行していきました。

　1960年代以降，心理の分野では採用が定着してきたウェクスラー検査などの影響で心理アセスメントが脚光を浴びるようになった一方で，病棟の医療的訓練だけでなく，動作法や静的弛緩誘導法，知覚－運動学習など，教育現場からも様々なセラピーや学習法などが編み出され，障害の重い子どもを念頭に置いた養護・訓練の流れとともに全国に広まっていきました。

第1部　理論編

（2）視知覚認知と発達障害研究の関連

　このように，視知覚認知の課題については，学習障害研究との関連で早くから話題となっていたのですが，子どもの重度重複化とその支援策が注目を集める一方で比較的障害の軽い子どもへの対応はいったん下火になったのです。しかし，1990年頃から教育心理の分野を中心に学習障害研究が再び注目を集め，1992年に日本ＬＤ学会が設立されるなど，社会的な関心が高まっていきました。

　最近では，通常学級の現場を中心に，発達障害のある子どもに関する研究が盛んになってきており，教室でじっとしていられない子どもや手指の不器用さ，姿勢保持に課題のある子どもや感覚過敏のある子どもなどが注目を集めるようになってきました。これとともにふたたび，感覚と運動との関連で肢体不自由教育分野における研究，実践両面の成果の発信が求められていると考えられるのです。

　特に，運動まひを含む発達障害のある子どもの視知覚認知に関する研究は，近年大きな関心を集めており，たとえばビジョントレーニング等に関する書籍は大きく取り扱われるようになっています。

　上述のように，運動と視覚との関連性は以前から指摘されてきた点ですが，聴覚言語面においては，ベネッセ（2007）によれば，ディスレキシアと日本語との関連が取り上げられるようになってきています。これまで，学習障害の中心的課題であるディスレキシアは，聴覚や音韻認知の観点から主に研究がなされてきましたが，これは欧米中心のアプローチであり，ひらがな，カタカナ，漢字を使い分ける日本語特有の言語特性を鑑みると，特に漢字の読み書きと視覚との関連が近年注目を集めています。漢字の特徴である同音異字の意味的誤答が目立っているとのことです。

（3）視覚関係の課題

　視覚が関連する機能として，主に以下の7つに分類されます。

ア）視力

イ）視野

ウ）調節

エ）両眼視

オ）眼球運動（素早い視線移動の衝動性眼球運動とゆっくりなめらかな視線移動の滑動性眼球運動）

カ）形態知覚・認知と空間知覚・認知

キ）目と手の協応

そして，視覚の問題が日常生活や学習活動に与える影響として，主に以下の4点が考えられます。

① ものを見るときの様子として，視力低下や斜視・弱視など眼科的な課題が上記ア），イ），ウ）を中心とする課題と関連する。

② 読み書きに関連する活動に与える影響として，屈折異常や両眼視，眼球運動機能，つまり上記エ），オ）を中心とする課題と関連する。

③ 手や指を使う活動に与える影響として，上記カ），キ）の形態知覚・認知や目と手の協応を中心とする課題と関連する。

④ 動きや位置をとらえる活動に与える影響として，上記③と同様にカ），キ）の空間知覚・認知や目と身体の協応を中心とする課題と関連する。

（4）視覚機能のアセスメント

視覚機能に関するアセスメントでは，眼科受診をはじめ聞き取りや観察による状況把握の他に，以下のようなアセスメントがあげられます。

① **眼球運動の検査**

・NSUCO（Northeastern State University College of Optometry）直接観察法による眼球運動検査

・DEM（Developmental Eye Movement Test）衝動性眼球運動の正確性を測定

② 視知覚（形態知覚，空間知覚）の検査
　　　・フロスティグ視知覚発達検査
　　　・DTVP-2（Developmental Test of Visual Perception 2nd edition）
　　　・ベンダー・ゲシュタルト・テスト
　　　・Rey-Osterrieth 複雑図形検査
③ 視写の評価
　　　・近見・遠見数字視写検査
　　　・文章視写検査

2．感覚と運動機能に関する課題

　感覚運動機能の課題が学習面や日常生活面に与える影響は決して少なくありません。ここでは，教室場面における肢体不自由児の目と手の協応と不器用さに焦点を絞って取り上げます。

（1）目と手の協応

　文字や図形がうまく書けない，黒板の文字を写すことが困難であることは，肢体不自由児だけでなく，通常学級に在籍する子どもにも見られる点です。

　これらの困難は，形をとらえる視知覚と目と手の協調運動に関する課題が考えられます。形の細部や全体と部分の関係を見ることができないと形に表すことは困難ですが，仮に形は把握できていても，書く順序がわからないために効率よく形が書けない場合も考えられます（写真1・写真2）。

　ほかに，黒板に書かれた文字をある一定量記憶にとどめ，手元のノートに再生していく，いわゆるワーキングメモリーの課題も考えられます。こうした視覚的短期記憶については，眼球運動の検査やフロスティグ視知覚発達検査，Rey-Osterrieth 複雑図形検査などを用いて，視知覚に関する機能のアセスメントをする必要があるでしょう。

写真1　書くこと・星印　　　　写真2　書くこと・英語

（2）不器用さ

　不器用さの目立つ子どもは肢体不自由児だけでなく，通常学級に在籍する子どもにも多く見られる点であり，学習面では特に書く動作に困難を伴うことが多く見られます。

　これらの困難は，実に様々な原因が考えられます。触感覚や運動感覚の発達の未熟さ，姿勢筋の緊張が低いために姿勢が不安定で，鉛筆や定規等をしっかり保持し支えることが苦手であること，身体と物との位置関係が把握できないボディイメージの未熟さ，覚醒水準が不安定なレベルであるために行動の質が低下してしまうこと，視覚と運動の感覚統合が不十分で協調動作がうまくいかないこと，などです。

　書くための支援として，文字を形として記憶し，音に変換して（聴覚・音韻認知），その音に合った文字を記憶の中から検索できるようにすること，目と手の協応運動による書字を支援すること，などがあります。具体的には，点つなぎ，迷路などゲーム感覚で楽しく取り組むことがまずは大切ですが，マス目のあるノートの活用や記憶から文字を引き出す練習やなぞり書き，見本の視写，聴写の練習，場合によっては時間延長や板書の量を減らしてワークシートを配布するなどの支援も有効でしょう。

3．視覚に関する学習面の課題

　運動発達は対象に対して人が定位し操作する基盤であり，運動発達と視覚認知の発達は相互に作用し，表裏一体となって発達することがすでに明らかにされています。したがって，運動発達と関連して視覚認知の課題も学習や日常生活に与える影響は決して少なくありません。見る力の構造については P.31，図2「見る力の構造」で取り上げていますが，ここでは特に学習面に関連する影響について述べます。

（1）学習面に関する影響
①　読み書きに関する学習活動
　行飛ばしや文末の見落とし，黒板視写の困難など，屈折異常や両眼視，眼球運動機能に関する課題です。
②　手や指を使う学習活動
　折り紙やはさみ，定規コンパスの使用，図形模写に関する困難は，形態知覚・認知や目と手の協応が関連していると考えられます。
③　動きや位置をとらえる学習活動
　ラケットやバットによるボール打ち，表やグラフの理解，方向感覚などのつまずきは，空間知覚・認知や目と身体の協応が関連していると考えられます。
④　物を見るときの様子
　必要以上に顔を近づけたり傾けたりする，目を細める様子などは，視力低下や斜視・弱視など眼科的問題が考えられます。

（2）視覚の機能低下に対する支援
　まずは学習上の負担を減らす工夫が必要です。文字の拡大や配布プリントのコントラストや配色の工夫，情報量の簡素化などです。
　そして，専門家による視覚発達支援を組み入れることです。対象が子どもですので，あそびや訓練を通して楽しく取り組むことが大切でしょう。また，必要であれば眼科の受診を勧めたり，前述のようなフロスティグ視知覚発達

検査などを用いたアセスメントも考える必要があるでしょう。

4．支援の方向性

（1）肢体不自由児の全般的特性

　近年，バリアフリーが進んできたとはいえ，車いすの子どもは同年代の子どもと比べて外出の機会が圧倒的に少なく，日常生活の経験不足が学習レディネスとしての経験不足と関連するため，このことが教科学習に影響を与えている点は以前から指摘されてきた点です。したがって，知的に遅れのない肢体不自由児であっても，当然同年代の子どもが知っているはずの当たり前の事項が抜け落ちていたりすることはよく目にする点です。

　さらに，肢体不自由のほかに視覚障害，聴覚障害，知的障害など重複障害による発達特性を併せ持つ場合が実際には多く見られます。ここでは紙数の都合で取り上げることはできませんが，それぞれの障害特性も押さえておく必要があると考えられます。

　肢体不自由児の認知的特性を考えてみると，一次障害としての種々の認知や神経心理学的な課題や障害を随伴することがあります。ウェクスラー心理検査のWISC-Ⅲでは，痙直型両まひ児の多くが「言語性＞動作性」および「言語理解・注意記憶＞知覚統合・処理速度」の傾向を示し，「非言語性ＬＤ」「視知覚認知障害」が起こりやすいとされています。視覚と運動との関連については，これまでの学習障害研究の中でも指摘されてきた点ですが，肢体不自由児の見えにくさ，とらえにくさの問題については，近年さらに関心が高まってきています。

（2）子どもの認知特性とＩＱの取り扱い

　子どもにとって得意な理解の仕方を探ることは重要です。学習時の脳の情報処理については，K-ABCをはじめとする各種心理検査を用いて視覚と聴覚のどちらの情報入力が優位であるかを知り，授業時の情報提示に活かすことは有効です。これによって，全体から示すか部分から示すか，あるい

は視覚運動的な提示か言語聴覚的な提示か，といった点を探ることで子どもにとって負担の少ない学習環境を整えることができる，と考えられます。

しかし，近年ではIQの取り扱いについては大きく方向が変わってきているようです。2003年に刊行されたウェクスラー心理検査のWISC-Ⅳ（日本版は2010年刊行）では，「解釈における群指数の重要性が高まるとともに，統計的な裏付けの乏しいVIQとPIQの重要性が低下した」として，言語性IQと動作性IQが廃止されました（大六 2008）。

さらに，2012年5月に改訂されたアメリカ精神医学会の「精神障害の診断と手引き」，いわゆるDSM-5では，知的障害の診断基準からIQ値が削除されました。この背景には，「知能検査を否定しているわけではないが，実生活に必要なスキルを評価するには不十分であり，臨床的総合判断が重要である」という解釈があるようです（宮本 2013）。さらに2017年改定予定とされるWHOの「国際疾病分類」，いわゆるICD-11においても同様の流れになるであろう，と言われています。

このように，心理や医療の分野においてIQ値のもつ意味が問い直されており，今後教育現場においても少なからず影響を与えるものとして留意しておきたい点です。

（3）学習のための姿勢保持の問題

肢体不自由のある子どもが学習に取り組むためには，粗大運動から始まり，知覚運動段階などを踏んで概念・言語の獲得，学習レディネスへとつながる発達段階をおさえた上で，まずは姿勢のコントロールが重要です。生得的に備わる初期感覚（前庭覚，固有覚，触覚）が姿勢コントロールの基本であり，これは視覚や手の運動に関連しながら認知の高まりにつながるものです。姿勢保持のためには，足裏をしっかり床につけ，体幹を安定させておく必要があります（写真3）。机に向かう姿勢や角度を個々に調整する必要があり，子どもができるだけ疲れにくい姿勢となるように専門家によるポジショニング指導が重要になってきます（写真4）。また，鉛筆をしっかり

持つための本人専用のホルダーを作成する場合もあります（写真5）。これは鉛筆だけでなく，摂食時のスプーンなど日常生活に必要な用具全般に言えることですが，作業療法士（ＯＴ）や補装具業者等と相談しながらこれら補助具の制作やメンテナンスを行うことが大切です。

写真3　座位保持いす

写真4　書見台と机

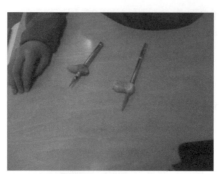

写真5　鉛筆ホルダー

（4）教室における配慮

　障害児教育に限らず，教室環境の整備は重要です。余分な刺激を減らし，子どもへの適切な言葉かけを行うことで，物理的言語的環境を整えていくことがより効果的な学習につながると考えられます。教室における対人関係では，「その場の状況が読めない」「友だちの気持ちが感じ取れない」など，学校や社会生活面などに影響が及び，自閉症スペクトラムなど発達障害の状況に加えて，様々な適応障害や精神疾患の可能性も検討される必要があります。

　まわりの関わり手の問題としては，教室環境として考えると大人の配置も重要です。特に障害の重い子どもとの授業場面では，子どもの数と同数あるいは大人の方が多い場合が見られることがあります。さらに，大人のほうが先回りして関わることが多いと子どもは依存的になり，結果的に子どもの自主性を育てる芽を摘んでしまうことになるので，これは注意したい点です。特に，言語反応に乏しい子どもに対しては，大人側が何とかして言葉を引き出そうとする思いが強まって，一方的に話し続ける場面が見られるため，子どもに対する働きかけ，揺さぶりは最小限におさえて，しっかりと反応を待って観察することが大切でしょう。

（5）学習時の配慮

　知覚運動学習の指導法では，望ましい指導が持つべき性質として以下の点が挙げられています（中司 1997）。

　①やさしい段階から難しい段階へと発展する指導であること（認知の発達理論に基づいた指導であること，具体から抽象へ進む等）

　②児童生徒のやる気を引き出す指導であること（興味関心に訴える楽しい学習であること）

　③集団のもつ教育的効果を十分に取り入れた指導であること（雰囲気，モデリング，助け合い，協調，競争）

　④ねらいがはっきりした指導であること

⑤身体を通して学習すること

⑥学習の具体的な手がかりが準備されていること

⑦成功失敗がよくわかること

⑧即座のフィードバックが行われること

⑨般化と応用について考慮してあること

⑩決して無理をしないこと（指導計画や指導にゆとりがあること）

　上記のうち，特に③の集団の指導形態について考えてみます。

　障害の重い子どもの学習形態では，自立活動の時間も含めて個別指導の形態が多いように思われます。個室の場合もありますが，広いマット室の四隅でマンツーマンで指導が行われていることが多いようです。指導形態について考えると，個別と集団のそれぞれのメリット・デメリットを考える必要があるでしょう。

　個別指導のメリットは，1対1で向き合ったきめの細かい学習指導です。これは広く生活指導や進路指導等にもつながるでしょう。一方デメリットは，子どもにとって1対1で向き合わざるを得ない状況にあり，逃れられない圧迫感を感じているかもしれない点でしょう。

　また，集団指導のデメリットは，きめ細かく向き合えない，目が届きにくい，ウマの合わない他児と過ごす場合は居心地が悪い，といった点などが考えられます。

　しかし，ここでは集団の持つメリットを活かし，学び合いの学習活動を通して以下の点を促したいところです。

　①相手の良さに気づき，多様性を認めていく雰囲気をつくる。

　②子ども同士の関係性をつくり，自分はみんなから必要とされている，という自尊感情を育てる。

　そして，そのためには，授業者による授業の工夫が求められるでしょう。この工夫とは，子どもがのびのびと安心して，自分の力を発揮できる環境をどのように準備していくか，という点です。

第1部　理論編

　たとえば集団場面では，比較的障害の軽い子どもが待たされることが多いようですが，待たせる時間を少しでも減らし，学習機会を増やして授業への参加率を上げていくことが大切です。教材の工夫では，まずクリアできる課題を用意し，回数を増やしていくことです。次に，クリア状況を観察しながら慎重に負荷をかけ，気づいたら難度の高い課題をクリアしていた，という体験を増やしていくことが重要です。

<参考文献>
・ベネッセ（2007）「小学生漢字書字障害の分類と頻度」
・大六一志（2008）「新世代ウェクスラー知能検査の展開―知能因子理論の発展と言語性ＩＱ，動作性ＩＱの終焉―」『K-ABC アセスメント研究』第 10 巻，p65-78
・藤澤宏幸編（2012）『日常生活活動の分析―身体運動学的アプローチ―』医歯薬出版
・飯田雅子（2001）「子どもが"生き生きと生きる人生"になるために」『養護学校の教育と展望』No.123，p2-7
・川間健之介（2015）「障害の重い子どもの学習プロセス」筑波大学公開講座資料
・宮本信也（2013）「精神科新診断基準 DSM-5 の特徴と心理職の課題」日本心理研修センター秋季研修会資料
・中司利一（1997）「知覚運動学習理論」筑波大学公開講座資料
・沖高司編（2009）『肢体不自由児の医療・療育・教育』改訂２版，金芳堂
・大内進（2005）「個別の教育支援計画」教育支援研究会公開研修会資料
・清水聡（2012）「総合的な視点から見た教育的ニーズへの対応」『特別支援教育コーディネーターの役割と連携の実際』p.136-145
・清水聡（2012）「肢体不自由の指導の実際６」筑波大学免許法認定公開講座資料
・玉井浩監修（2010）『学習につまずく子どもの見る力』明治図書
・竹田契一・上野一彦・花熊曉（2011）『特別支援教育の理論と実践Ⅱ―指導』金剛出版

29

第3章 肢体不自由の子どもたち

1. 脳性まひ（痙直型 PVL）の児童の視知覚認知能力

　脳性まひ（痙直型 PVL）の児童には，視力，斜視，視野狭窄，眼球運動に問題を抱える児童も多く，視神経の視放線や頭頂葉への視神経に損傷があり，視覚情報入力時点での問題があるとも言われています。また，後頭部と頭頂葉，頭頂葉と前頭葉をつなぐ連絡路に病巣があり，連絡路障害による視知覚認知機能の離断症状とも考えられています。これらの問題が関わって，PVL 児童には，視知覚認知機能に弱い部分が現れると考えられます。そこでわれわれは，入力する視覚情報の量を調整し，内容を整理することによって，視知覚認知機能を高める手立てを研究してきました。さらに，触覚・運動感覚からの情報入力と触知覚・運動覚の認知機能を補助的に活用すれば，大きな助けになると考えられます。

　図1は，視覚，触覚・運動覚の情報入力（感覚受容）から情報出力（運動表出）へのシステムです。

視機能 視覚情報入力		触察機能 触覚・運動覚情報入力
視知覚認知機能	情報処理	**触知覚・運動覚認知機能**
①視覚注意	＝	①触知覚注意
②視覚閉合	＝	②触知覚閉合
③視覚の恒常性	＝	③触知覚の恒常性
④視覚弁別	＝	④触知覚弁別
⑤図地弁別	＝	⑤図地弁別
⑥視覚的記憶	＝	⑥触知覚的記憶
⑦視空間認知	＝	⑦触空間認知
視覚，触知覚運動協応 情報出力（表出）		

図1　視覚，触覚・運動覚の情報の流れ

2．教材開発の考え方とねらい

■「見る力」について

　児童が実際に事物を見て認知していく「見る力」は，図2のように，視機能，視知覚認知，視覚運動協応の3つのカテゴリーから考えられます。原因は何であれ，教育的アプローチとしては，視覚認知と視覚運動協応の向上を図ることでしょう。

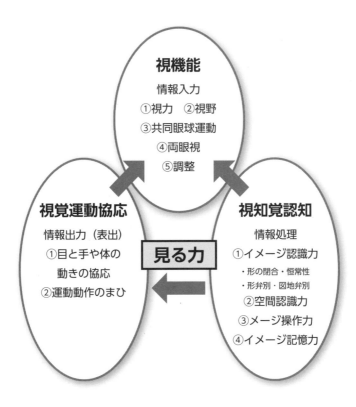

図2　見る力の構造

第2部

実践編
~知覚−運動学習の教材を用いて~

第1章 あそびやゲーム的要素を取り入れた知覚－運動学習教材

　年齢的に幼い子どもたちの中には，机に向かい，一定時間集中して，与えられた課題に取り組んでいくことが困難な子どもがいます。こうした子どもたちに対しては，必要に応じて，あそびやゲームを取り入れた指導が必要となってきます。しかも，あそびには子どもたちの感覚や運動，ことば，社会性などの発達を促すたくさんの栄養素が含まれています。したがって，対象によっては，あそびやゲームを取り入れた指導をもっと考慮すべきであると考えています。

　ところで，学習指導について，個別か集団かと問われることがありますが，それは，指導の対象やねらいによって，異なってくるものです。個別指導にはきめ細かな指導が行えるという反面，集団指導には複数の教員と子どもがいることで，個別指導にはない，場の雰囲気を盛り上げ，大がかりな場面設定とダイナミックな授業展開が可能となり，また友だち同士が，協力し合い，励まし合いながら進められるという利点があります。

　このように，対象や指導のねらいによっては，あそびやゲーム的要素を取り入れた指導を集団で展開していくことも必要です。むろんその場合には，授業の全体のねらいと子ども一人ひとりの個別のねらいをしっかり設定していくことが大切です。

　本章の2では，「なかよしタンタンタンタン」「手をたたこう」「花」「あらし」など，『音楽にあわせて体を動かす教材』のいくつかを紹介します。3では「ボートになってゆれよう」「大玉にのってゆらゆら！」などの『粗大運動あそび教材』を，4では「探してみよう」などの『さわる教材』と「影あそび『人』」「左からかぞえて何番目，右からかぞえて何番目！」「マットをつなげて模様を作ってみよう！」などの『みる教材』，「何の音？」「だれの声かあててみよう！」などの『きく教材』を紹介します。

1. 授業の年間計画と授業内容

表1は，本校小学部低学年の児童を対象として実践した自立活動の一授業における「年間指導計画と授業内容」です。

表1　授業の年間計画と授業内容

授業の流れ	教材名
はじまりの活動 （導入）	①なかよしタンタンタンでこんにちは　→　②手をたたこう　→　③花　→　④あらし　→　⑤かめさんになろう
なかの活動 （主たる活動：展開）	【教材例】 1学期 「ボートになってゆれよう！」，「大玉にのってゆらゆら！」，「何の音？」など 2学期 「探してみよう！」，「左からかぞえて何番目，右からかぞえて何番目！」，「マットをつなげて模様を作ってみよう！」など 3学期 「影あそび『人』」，「影あそび『なにしている，まねしてみよう！』」など
おわりの活動 （終末）	①さあまえならえ　→　②まえにだし，よこにだし！　→　③おばけだぞ！　→　④深呼吸　→　⑤なかよしタンタンタンでさようなら
備　　考	☆はじめの活動とおわりの活動は，年間を通し，同じ教材を，同じパターンで行っていきました。 ☆なかの活動では，子どもの実態を見ながら，学期あたり2つから3つくらいの教材を入れて，展開してみました。

２．音楽に合わせて体を動かす教材
（１）はじまりの活動（導入）

① なかよしタンタンタンでごあいさつ

準　備　・ピアノ（CDなど）　　　　　　　（所要時間：20秒前後）

主　な　ね　ら　い

・音楽に合わせ，人の動きを模倣することができる。
・友だちと手をつなぎ，音楽に合わせ，バランスをとりながら，体を左右に揺らすことができる。

活動（あそび）の手順

①複数の子どもが輪になってすわり，隣の人と手をつなぎます。

②ピアノ曲『なかよしタンタンタン』に合わせ，歌いながらを行います。

③「なかよしタンタンタン」では，両手を胸の前で交差させ，その後，手を3回たたきます。

④「あくしゅでこんにちは」で隣同士で手をつなぎ，おじぎ（こんにちは）をします。

ポイント・留意点

・友だち同士が手をつないだり，手を動かしたりすることのできる適当な距離をとってすわるようにしましょう。

・座位がうまくとれない子どもの場合には，座位が保てるよう必要な支援を行いましょう。

・できれば音楽に合わせて声を出して歌うようにしていくとよいでしょう。

第2部 実践編

| 楽　譜 | ピアノ曲『なかよしタンタンタン』 |

なかよしタンタンタン

竹内光春　作詞　　武田恵子　作曲

② 手をたたこう

準　備　・ピアノ（CDなど）　　　　　　　　（所要時間：1～2分）

主 な ね ら い

・人の動きを模倣することができる。
・音楽に合わせて身体各部を手でたたくことができる。
・身体各部の名称や位置関係を覚える。

活動（あそび）の手順

①『うさぎとかめ』の曲に合わせて手をたたきます。

②手をたたく部位や順番は，「手のひら」→「膝」→「腹」→「胸」→「肩」
　→「ほほ」→「頭」→「おしり」です。

③「ほほ」「頭」では比較的速くやさしくたたきます。

④「おしり」では強く，象が歩くような感じでゆっくりたたきます。

⑤それ以外の部位では，ふつうの速さでたたきます。

ポイント・留意点

・座位がうまくとれない子どもの場合には，座位が保てるよう必要な支援を
　行いましょう。

・動きやたたくテンポは必ずしも正確でなくてもよいので，できる範囲で参加
　させるようにしましょう。

第2部 実践編

| 楽　譜 | わらべ歌『うさぎとかめ』
（作詞：石原和三郎　作曲：納所弁次郎） |

関連教材①　わらべ歌あそび

　わらべ歌あそびとしては，①せっせっせ，②証城寺の狸囃子，③ごんべえさんの赤ちゃん，④かごめかごめ，⑤やおやのお店，⑥だるまさんだるまさん，⑦ずいずいずっころばし，⑧あぶくたった，などがあります。

③ 花

準　備　・ピアノ（CDなど）　　　　　　　　　　（所要時間：1分前後）

主 な ね ら い

・人の動きを模倣することができる。
・胸の前で両手を合わせ，バランスをとりながら，体を左右に静かに揺らすことができる。
・胸の前で両手を合わせて（つぼみ）から最後は両手をゆっくり開いて，「花」をつくることができる。

活動（あそび）の手順

①胸の前で手を合わせて，つぼみをつくります。

②そのままの状態で，『ウエハース』（子守歌）の曲にあわせ，上体を左右にゆったり揺らします。

③途中から，合わせた手のひらを徐々に開いていき，最後に花が咲くしぐさをします。

ポイント・留意点

・座位のとれない子どもの場合には，座位が保てるよう必要な支援を行いましょう。

・上体の揺れの大きさは，大きくても小さくても構いませんが，手を合わせる位置は，体の正中線上にくるように意識させましょう。

40

第2部 実践編

| 楽　譜 | ピアノ曲『ウエハース』（子守歌）（湯山昭『お菓子の世界』より） |

実践豆知識①　感覚（知覚）と運動との不一致

　人間の情報処理過程をみたときに，入力系である感覚（知覚）と出力系である運動とは，多くの場合別々に存在するのではなく，複雑な相互作用のもと，同時体験の中で機能しています。この感覚（知覚）と運動とがうまく調和せず，不一致となると動作がきわめてぎこちなくなり，学習に様々な影響をもたらしていくことになります。

④ あらし

準　備　・ピアノ（CDなど）　　　　　　　（所要時間：1分半前後）

主 な ね ら い

・人の動きを模倣することができる。
・両手を上にあげ，バランスをとりながら，音楽に合わせ，体を左右に
　大きく，激しく揺らすことができる。

活動（あそび）の手順

①『風にゆれる木』（エチュード）（カバレフスキー『子どものためのアルバム』
　より）の曲に合わせ，両手を上にあげ，バランスをとりながら，上体を左
　右に揺らします。
②上体の揺れの大きさや速さなどは，特にこだわらず，それぞれのペースで
　行わせるようにし，動きを楽しませることを基本とします。
③曲の最期の部分で，揺れを止め，手を片方ずつ降ろします。「バーン」に
　合わせて，床に倒れこみ，うつ伏せになります。

ポイント・留意点

・座位のとれない子どもの場合には，座位を保ち，倒れないように必要な支
　援を行いましょう。

42

第2部 実践編

楽　譜　ピアノ曲『風にゆれる木』（エチュード）（カバレフスキー『子どものためのアルバム』より）

ワンポイントアドバイス①　音楽のもつ効果

　一般的に，同じ作業を繰り返し行っていると，集中力は次第に落ちてきます。このようなときに，明るくやる気の出る音楽をかけると，気分も明るくなり，やる気が再びでてきます。運動あそびなどの授業場面でも，その内容にあった音楽をかけると，子どもたちの表情や動きは，明るくなり，活発になって，効果的な授業が展開できていることがよく見受けられます。授業内容や指導のねらいにもよりますが，音楽がもつ効果を，必要に応じて授業の中に取り入れていくことが必要でしょう。

⑤ かめさんになろう

準　備　・ピアノ（CDなど）　　　　　　　　　（所要時間：1分半前後）

主 な ね ら い

- 人の動きを模倣することができる。
- 音楽に合わせて，かめの姿勢（うつ伏せ姿勢など）をとり，音楽の合図に合わせて，起き上がることができる。
- その間は体を静止させ，かめの姿勢（うつ伏せ姿勢）をとり続けることができる。

活動（あそび）の手順

①『かめさんになろう』（サン＝サーンス『動物の謝肉祭』より）の曲に合わせて，かめの姿勢（うつ伏せ姿勢）になって，体を丸くさせた状態を維持させます。
②そのまま，じっとさせ，音楽の合図に合わせて，起き上がります。

ポイント・留意点

- 「かめさんになろう」の課題は，はげしい活動（あらし）からの休息の時間として考えてみましょう。
- じっとしていることの難しい子どもの場合には，できるだけ途中で動かず，合図があるまで待つように指導しましょう。

第2部 実践編

| 楽　譜 | ピアノ曲『かめさんになろう』
（サン＝サーンス，『動物の謝肉祭』より） |

ワンポイントアドバイス②　待つことの指導

　私たちの周りには，じっとしていられず，与えられた課題に集中できずにいる子どもがいます。こうした症状の現出は，学習活動などを行っていくうえで，様々な影響をもたらしていくことになります。そこで，こうした子どもたちには，「かめさんになろう」などの中で，合図があるまで待つことの指導を意図的，計画的に行っていくことが必要です。

（2）おわりの活動（終末）

① さあまえならえ

準 備	・ピアノ（CDなど）

（所要時間：15秒前後）

主 な ね ら い

・人の動きを模倣することができる。
・音楽に合わせて両手を前に出したり，横に広げたりすることができる。
・「前」「横」「上」などの方向に関する理解を深める。

活動（あそび）の手順

①創作曲『さあまえならえ』に合わせ，両手を前に出したり，横に広げたり
　します。
②「さあまえならえ」で，手のひらを内側に向け，両手を平行にして，まっ
　すぐ前に出します。
③「ひらいてひらいて」で，手のひらを下に向け，そのまま横に広げていきます。
④「ひこうきだい」で横に広げた状態で腕を飛行機の翼のように，上下に揺
　らします。
⑤「もどしてもどして」で，横に広げた両手を前にもってきます。
⑥「ドン」で前に出した両手を脱力させて，膝の上に落とします。

ポイント・留意点

・座位のとれない子どもの場合には，座位が保てるよう必要な支援を行いま
　しょう。
・動きは必ずしも正確でなくてもよく，できる形で参加させるようにしましょう。
・動きと言葉とを結びつけるために，できるだけ動きに合わせて声を出して
　歌うようにさせましょう。

第2部 実践編

楽　譜　創作曲『さあまえならえ』

② まえにだし，よこにだし！

| 準 備 | ・ピアノ（CDなど） | （所要時間：30秒前後） |

主なねらい

- 人の動きを模倣することができる。
- 音楽に合わせて両手を前や横に出したり，上にあげたりすることができる。
- 「前」「横」「上」などの方向に関する理解を深める。

活動（あそび）の手順

①ピアノ曲『まえにだし』（則武昭彦）に音楽に合わせて，両手を前に出したり，横に出したり，両手を拳上させた状態で3回手をたたいたりします。

②「まえにだし」で，両手をまっすぐ前に出します。

③「よこにだし」で両手を横に広げます。

④「うえにだしたら，トントントン」で，横にひろげた両手を拳上させ，そのままの状態で手を3回たたきます。

ポイント・留意点

- 座位がとれない子どもの場合には，座位が保てるよう必要な支援を行いましょう。
- 動きは必ずしも正確でなくてもよく，子どもが自分で動かせる形で参加させるようにしましょう。
- 動きと言葉とを結びつけるために，音楽に合わせて声を出して歌うようにさせるとよいでしょう。

48

第2部 実践編

| 楽　譜 | ピアノ曲『まえにだし』（作詞・作曲：則武昭彦） |

```
実践豆知識②　個体内部での位置知覚
```
　川村秀忠は，個体内部での位置知覚とは，自分自身の体内の真ん中や左右，上下，前後などを知覚したり，体内の左側での動きと右側での動きを区別したりする能力のことで，これは外部世界での左右や上下などを知覚する上でのレディネスであるとしています。

（学習障害―その発見と取り組み，「慶應通信」より）

③ おばけだぞ！

準 備 ・ピアノ（CDなど）　　　　　（所要時間：10秒前後）

主なねらい
・人の動きを模倣することができる。
・手をぶらぶらさせながら、両手をリラックスさせることができる。
・「前」「横」「上」などの方向に関する理解を深める。

活動（あそび）の手順
①即興曲に合わせ、両手をからだの前でぶらぶらさせます。
②前に出した両手を引いてから、おばけを追い出すような感じで両手を前に勢いよく伸ばします。

ポイント・留意点
・座位がとれない子どもの場合には、座位が保てるよう必要な支援を行いましょう。
・動きは正確でなくてもよく、動かせる形で参加させるようにしましょう。

おばけだぞ〜！

楽 譜 即興曲

50

第2部　実践編

 深呼吸

準　備　・ピアノ　　　　　　　　　　　　　　　（所要時間：20秒前後）

主なねらい

（休息に入るための活動です）

活動（あそび）の手順

・ピアノ（アルペジオ）に合わせて，腕を前から上，斜めに開きながらゆっくりと息を吸い，腕を横から下ろしながら息をゆっくりと吐きます。これを2回繰り返します。

ポイント・留意点

・大きく息を吸って吐くようにさせましょう。

楽　譜　即興曲

51

5 なかよしタンタンタンでさようなら

準 備　・ピアノ（CDなど）　　　　　　　（所要時間：20秒前後）

主 な ね ら い

・音楽に合わせ，人の動きを模倣することができる。
・音楽に合わせ，バランスをとりながら，手をたたいたり，手を振りな
　がらおじぎをしたりすることができる。

活動（あそび）の手順

①複数の子どもが輪になってすわります。

②ピアノ曲『なかよしタンタンタン』に合わせ，歌いながら行います。

③「なかよしタンタンタン」では，両手を胸の前で交差させ，その後，手を
　3回たたきます。

④「手をふりさようなら」で手を振りながら，おじぎをします。

ポイント・留意点

・手を動かしたりすることのできる適当な距離をとってすわるようにしましょ
　う。

・座位がうまくとれない子どもの場合には，座位が保てるよう必要な支援を
　行いましょう。

・できれば音楽に合わせて声を出して歌うようにさせていくとよいでしょう。

楽 譜　ピアノ曲『なかよしタンタンタン』
　　　　（P.37 参照）

52

3．粗大運動あそび

　ケファートは，①バランスと姿勢の保持，②接触，③移動，④受け止めと推進（押し出し）の4つの運動般化の重要性を主張しています。

　実際に，座位などの姿勢の安定とその状態で物を操作したり，ころがってくるボールを受け止めたりする能力は，自分と外界との関係や外界に関する様々な知識や情報を得る上で，欠かすことのできない能力であると考えられます。

　ここでは，なかの活動で実践した粗大運動あそびである，①ボートになってゆれよう！，②大玉にのってゆらゆら！，③ボールころがし，④カラーマットの島まで移動の4つの教材を紹介します。なお，各教材と運動般化との関連での主なねらいは，表2のとおりです。

表2　粗大運動あそび

あそび	運動般化との関連での主なねらい
①ボートになってゆれよう！	バランスと姿勢の保持
②大玉にのってゆらゆら！	バランスと姿勢の保持
③ボールころがし	接触，受け止めと推進（押し出し）
④カラーマットの島まで移動	移動

① ボートになってゆれよう！

準 備 ・ピアノ（CDなど）

主 な ね ら い

・リズミカルな揺れや友だちや大人との関わりを楽しむ。
・人との接触や揺れる活動を通して身体意識や運動感覚を高める。
・座位姿勢の安定とバランス感覚の発達を促す。
・即興曲に合わせて，前後，左右にからだを揺らすことができる。

活動（あそび）の手順

①子どもどうしが体を押し合えるように，縦一列に並んですわります。
②縦一列の並びをボートに見立て，ボートに乗った気分になり，音楽に合わせながら，体を前後，左右に揺らします。

ポイント・留意点

・姿勢はあぐら座位を基本としますが，子どもによっては正座位や長座位でもよいでしょう。
・後ろの子どもは，両手を前の子どもの肩におき，体をできるだけ密着させるようにしてすわりましょう。
・最初は2人，次は3人と，つながる子どもの人数を徐々に増やしていきましょう。
・子どもが揺れに慣れてきたら，曲の速さや強さをいろいろ変えて，速い揺れ，ゆったりした揺れ，大きな揺れなどの様々な揺れを体験させてみましょう。
・倒れそうになったら，「大丈夫かな，頑張ってみよう！」などと言葉かけをしていきましょう。

第2部 実践編

楽　譜　即興曲

エピソード①　ボートになってゆれよう！

　はじめは小さな揺れでみんなニコニコ余裕の表情。だんだん揺れが大きくなると，おっとっと！だれかが倒れそうになって，みんな前の友だちに必死につかまってバランスをとっていました。Aくんは，はじめのうちはバランスがうまくとれず，つかまる手に力が入っていましたが，次第にお尻を上手に使ってバランスがとれるようになりました。慣れてくると6人でつながってボートをなが一くして，揺れを楽しみました。

② 大玉にのってゆらゆら！

準　備　・大玉（バルーン）　・ピアノ（CDなど）

主 な ね ら い

・リズミカルな揺れを楽しむ。
・前後，左右などいろいろな方向への揺れを体験する。
・バランス感覚の発達を促し，保護伸展反応を引き出す。

活動（あそび）の手順

・子どもを腹臥位で大玉（バルーン）の上にのせ，創作曲『ゆれるからだ』
　に合わせて，子どもを前後，左右に静かに揺らします。

ポイント・留意点

・大玉上での揺れをこわがる場合には，小さめのボールやクッション類を使っ
　て，徐々に大玉へと移行していきましょう。
・大玉の揺れに慣れてきたら，少し大きく，速く揺らして，保護伸展反応な
　どを引き出していきましょう。
・ピアノを弾く人と子どもに関わる人の2人の教員で進められれば理想的で
　しょう。2人体制が困難なときは，『ゆれるからだ』の曲を録音した音源
　などを利用していきましょう。
・『ゆれるからだ』の曲を歌いながら，関わってみましょう。

実践豆知識④　保護伸展反応

　保護伸展反応とは，体が急に倒れたとき，倒れた方向に腕や足をパラシュー
トのように開き伸ばして体を支えたり，自分の体を保護する反応です。パラ
シュート反応ともいいます。

第2部 実践編

楽譜 創作曲『ゆれるからだ』

ゆれるからだ

竹内光春 作詞　堀 祐子 作曲

③ ボールころがし

準　備　・ボール　・ペットボトル　・カラーマット

主 な ね ら い

・目標に向かって，ボールをころがすことができる。
・ころがるボールを目で追うことができる。
・ころがるボールの速さの感覚やボールまでの距離感を養う。
・「右方向」「左方向」「前方」「速い」「遅い」「遠い」「近い」などの方向や速度，
　距離に関することばが適切に使えるようになる。
・速さや強さ，方向を調整しながら，ボールをころがすことができる。

活動（あそび）の手順

①いろいろな方向や距離のところにペットボトルのピンを立て，ボールをころ
　がして，ピンを倒します。
②いろいろな方向や距離のところに，縦横40cmくらいの9枚のカラーマット
　を敷き詰めて正方形を作り，その上に向かってボールをころがします。

ポイント・留意点

・すわる姿勢はあぐら座位を基本としますが，子どもの状態によっては正座
　位，長座位でもよいでしょう。
・子どもの様子を見て，使用するボールの種類やあそび方に工夫を加えたり
　します。
・ボールをころがすことが難しい子どもの場合には，厚紙などで作った坂道
　や樋を用いて，参加させるようにしましょう。
・活動（あそび）の手順②では，ボールが真ん中のマット上で止まったら10点，
　他のマット上で止まったら5点，はずれたら0点などとルールを決め，ゲー
　ム形式で進めてもよいでしょう。

58

第2部　実践編

<関連教材>　坂道ボールころころ

　ベニヤ板などで大きめの坂道（傾斜台）を作り，上の方から大きさや色，材質の異なった様々な球形のものをころがさせて，主としてものをころがす（押し出す）などをねらいとした授業を展開してみるのもよいでしょう。ころがすものは，スポンジボール，テニス用ボール，ボールプール用のボール，ラージボール，六角形のクッションなど，子どもの実態や指導のねらいを考えながら選択し，使用してみてはどうでしょうか。六角形のクッションは，スムーズにころがらず，「ガク，ガク……」と進んでいくおもしろさが子どもの関心をかえってひきつけます。

④ カラーマットの島まで移動

準 備　・カラーマット（赤・白・緑，各1枚）　・ピアノ
　　　　　・色カード（赤・白・緑）　・ラインテープ

主 な ね ら い

・指示された色のマットまで移動することができる。
・色の名称を理解し，色と色のマッチングを行うことができる。
・移動能力を高め，即興曲に合わせて，早く，ゆっくりと，いろいろな速さ
　で移動することができる。

活動（あそび）の手順

①カラーマット（赤・白・緑）を子どもたちの前方横一列に並べ，島を作る。

②スタートラインを決め，子どもたちはその手前に横一列に並ぶ。

③最初は，一人ずつ順に指示された色のマットに移動する。

④慣れてきたら，曲の速さに合わせ，早く，ゆっくりなどいろいろな速さで
　指示された色のカラーマットまで移動する。

ポイント・留意点

・色の名称を言ったり，色カードを見せたりして，同じ色のカラーマットのと
　ころまで移動させるようにしましょう。

・寝返り，ハイハイ，独歩など，それぞれの子どもの実態に応じたかたちで
　参加させるようにしましょう。

・曲の速さに合わせられなくても，曲の速さが変わったことに子どもが気づ
　けば，それなりに評価していきましょう。

・学習がすすんだら，移動距離を長くしたり，色の種類を増やしていきましょ
　う。

第2部 実践編

楽 譜 即興曲

ワンポイントアドバイス③　あそび教材と指導のねらい

　あそびには，知的活動のための基礎となる感覚や知覚，運動，情緒・社会性，コミュニケーション，意欲といった様々な側面を伸ばす働きがあります。その分，あそびやゲーム的要素を含んだ形で，授業を展開する場合には，ねらいを1つ，2つに絞らないと，今何をねらいとした授業なのか，よくわからなくなる恐れがあります。

4.「さわる」「みる」「きく」教材

　ここでは,「さわる」「みる」「きく」「かたちの構成」などに関わる教材のいくつかを紹介します。

　「さわる」「みる」「きく」の教材の内容やねらいの概要は,以下のようになります。なお,「左から数えて何番目?」「マットで形を作ってみよう!」などの教材は,見る活動が中心になっていることから,「みる」教材に含めて考えています。

(1)「さわる」教材

　身近にある具体物に手で触れるなどの活動を通して,事物の形や大きさなどから,触っている物が何であるかを確認するなど,主に触知覚に関わる諸能力の発達を促していくことをねらいとした教材です。

(2)「みる」教材

　スクリーンに映し出された人の影や動きを見る活動を通して,影や影の動きを見て,影は誰か,何をしているのかを確認したり,影の動きを模倣したりするなど,主に視知覚や視−運動に関わる諸能力の発達を促すことをねらいとした教材です。

(3)「きく」教材

　CDなどに吹き込まれた身近な事物の音や人の声を聞く活動を通して,その音は何か,誰の声かを確認したり,聞いた音や音声を記憶したりする,主に聴知覚に関わる諸能力の発達を促していくことをねらいとした教材です。

表3　遊びやゲーム的要素を取り入れた知覚－運動学習教材

主な活動	教　材	備考（関連・発展教材・教具）
さわる	①探してみよう！	☆はてな箱（本書第2部所収）
みる	②影あそび「人」 ③影あそび「何している， 　まねてみよう！」	☆「打ち上げ花火」 ☆「おばけとおどろう」 ☆「かもめと海」 ☆「かえるとふうせん」 ☆「ほたるこい」など 　（斎藤秀元ほか『子どもが喜ぶ感覚運動 　　あそび40選「光を使ったあそび」』福村 　　出版）
きく	④何の音？ ⑤誰の声かあててみよう	☆「鈴の音リンリン」 ☆「花コロロン」 ☆「おまめころころ」など 　（斎藤秀元ほか『子どもが喜ぶ感覚運動 　　あそび40選「音の出るものを使ったあ 　　そび」』福村出版）
みる	⑥左からかぞえて何番目， 　右からかぞえて何番目？ ⑦マットをつなげて形を 　作ってみよう！ ⑧マットをつなげて模様 　を作ってみよう！	◆視知覚や視－運動に関わる発展教材 ☆ＰＬＭ知覚－運動学習教具（竹井機器 　工業） ☆モンテッソーリ教具

① 探してみよう

準 備
- 鉛筆や消しゴム，ボールペン，鈴，乾電池，フィルム容器など身近にある具体物をそれぞれ複数個
- それぞれの具体物を表した絵カードとダンボール箱（はてな箱：縦，横，高さはそれぞれ40～50cmくらいの大きさで，側面に片手が入るほどの円形の穴を2カ所空けておく）
- アイマスク

主なねらい

- 箱の中に手を入れ，指示された物を触って探し出すことができる。
- 触感覚や触知覚弁別能力の向上を図る。

活動（あそび）の手順

①ダンボールなどで作った箱（はてな箱）の中に，鉛筆や消しゴム，ボールペン，鈴，乾電池など，身近なものを入れておきます。

②「手を入れて，ダンボール箱の中から，『鈴』を探してください，中をのぞいてはいけません」などと指示して探させます。

ポイント・留意点

- この指導に先立ち，使用する具体物に触れさせる機会をたくさんもたせておくとよいでしょう。
- 名称に代えて，絵カードや具体物などで，「これと同じ物を触って探してください」などと指示してもよいでしょう。

第2部 実践編

エピソード② 探してみよう！

　重複障害児の学級のある授業でのことです。Bくんは，探したいものの形を一生懸命想像しながら「あれかな？これかな？」と探していました。鉛筆のとんがりを触ってすぐに見つけることができました。Cさんは，箱の中で鈴の音がして「あっ！」と気づいて，箱を揺らして鈴を見つけることができました。上手になってくると，指や手のひらを上手につかって箱の中身をなぞって探せるようになりました。

② 影あそび「人」

準 備	・大型スクリーン　・投影機（スライドプロジェクターなど） ・電源コード　・人の顔写真　・CDなどの音源

主 な ね ら い

・影に注目し，影の動きを楽しむ。
・誰の影か言うことができる。

活動（あそび）の手順

①投影機（スライドプロジェクターなど）を使って，人の影や人の動きをスクリーンに映し出します。
②子どもたちはスクリーンの前にすわり，スクリーンに映し出された影を見て，それは誰の影かを言います。

ポイント・留意点

・子どもにとって身近な人や特徴的な体型をした人が影になるとよいでしょう。
・影を見て，その人の名前がわからなければ，どの学部の先生か，何を教えている先生かなどで答えさせてもよいでしょう。
・子どもが影役になって進めてみるのもよいでしょう。
・影の大きさを変えたり，影を意図的にぼかしたりしたりすると授業のおもしろさが増すでしょう。
・影役は，大胆にコミカルに行ってみるとよいでしょう。
・コミカルな動作を行うときは，それにマッチした効果音を使用してみるとよいでしょう。たとえば「おばけ」の動きをコミカルに行うときは，テレビアニメの主題歌などを流しながら進めてみるのも楽しいでしょう。

第2部　実践編

エピソード③　光の光源に反応する子ども

　別の重複障害児の授業で，部屋を暗くし，スライドプロジェクターでスクリーンの画面いっぱいに影絵を見せたところ，画面の絵やその動きには全く関心を示さず，スライドプロジェクターの光源の方ばかり見ていた子どもがいました。その子どもは，見えているにもかかわらず，映像のおもしろさや楽しさよりも，光源の光に反応してしまう発達段階にあったのでしょう。

③ 影あそび「なにしている，まねしてみよう！」

準 備	・大型スクリーン　・投影機（プロジェクターなど） ・電源コードなど

主 な ね ら い

・影を注目し，動きを楽しむ。
・影の人は何をしているのか，言うことができる。
・影と同じ動きを模倣することができる。

活動（あそび）の手順

①子どもたちをスクリーンの前にすわらせます。

②人が行う様々な動作をスクリーンに映し出します。

③スクリーンに映し出される様々な動きは何をしているところなのか，子ども
　たちに質問します。

④スクリーンに映し出される様々な動きを子どもたちに模倣させます。

ポイント・留意点

・影役の人は，「両手をあげる」「バットを振る」「ボールを投げる」「手を振る」
　「歩く」「ギターを弾く」など，子どもにもわかりやすい動きで行うようにす
　るとよいでしょう。

・動きは，ゆっくり，大きく，おもしろく行うようにしましょう。

・先生に代わって，子どもが影役になって進めると，さらにおもしろさが加
　わるでしょう。

・模倣が行えない場合には，教員と一緒に行ってみるようにしましょう。

第2部 実践編

エピソード④　影あそび「なにしている，まねしてみよう」

　スクリーンの向こうにいる先生の動きがおもしろくて，みんな大笑いしていました。バットを振ったり，ボールを投げたりする動きは，何をしているところか質問すると，みんな大正解。子どもたちも，腕やからだを大きく使ってまねすることもできました。動物のまねをすると，自分たちもやりたくなって，順番に投影して楽しみました。

④ 何の音?

準　備
・「扉を閉めたときの音」「人の足音」「駅内のざわめき」「走る自動車の音」「楽器音」「弾むボールの音」などの身近な音を録音した CD・CD 用デッキなど
・音源となるものの写真やイラスト（楽器などは実物を用意してもよい）
　※身近な音を録音した適当な市販教材（効果音）

主 な ね ら い

・録音された身近な生活音や楽器の音を聞いて，それは何の音か言うことができる。

活動（あそび）の手順

・身近な生活音や楽器の音を録音し，聞かせて，それは何の音かを言わせます。

ポイント・留意点

・何の音かは，名称に代えて，写真やイラスト，実物などで答えさせてもよいでしょう。
・身近な音を録音した適当な市販教材があれば使用してもよいでしょう。
・音教材ではねらいや展開をかえることにより，たとえば，「複数の楽器の音を順番に鳴らして，その順番を言わせる（音の記憶）」「楽器を強弱をつけて鳴らし，どれが強い音かを言わせる（音の強弱の弁別）」「いろいろな音や音声が混じった中から一つの音を言わせる（音の分離）」などの様々な教材が考えられます。

70

第2部 実践編

実践豆知識⑤　外界から得る情報量の感覚別割合

　外界から受け取る情報量の感覚別割合は，視覚87％，聴覚7％，触覚1.5％，嗅覚3.5％。味覚1％（「標識の科学」基礎講座より）であるとされています。別の資料でも，だいたい同じような数値が示されています。このことからも，私たちはほとんどの外界の情報を視覚と聴覚から得ていることがわかります。

⑤ 誰の声かあててみよう！

| 準 備 | ・先生や友だちの声を録音した CD・CD 用デッキなど
・先生や友だち，家族の顔写真 |

主 な ね ら い

・人の声を聞いて，それは誰の声か，言うことができる。
・複数の人の声を順に聞いて，誰の声か順に言うことができる。

活動（あそび）の手順

①友だちや先生，家族など，身近な人の声を録音する。

②録音した声を再生し，子どもに聞かせる。

③その声は誰の声か，子どもに言わせる。

④複数の人の声を順に聞かせて，誰の声か子どもに言わせる。

ポイント・留意点

・より身近な人から取りあげる。名前で言えなければ，写真などで示させて
　もよいでしょう。

・わからない場合には，繰り返し聞かせてもよいでしょう。

・④の活動では，最初は２人，次は３人，５人というように，人数を徐々に
　増やしていきましょう。

・ねらいや展開を変えることにより，たとえば，「不明瞭な音や音声の中から
　目的とする音声をさがさせる（音の分離）」など，様々な教材が考えられます。
　この教材の作成は，学校のあそび時間などを使って目的とする人の声を吹
　き込むとよいでしょう。

第2部 実践編

エピソード⑤　音や音声の録音

　子どもたちの興味をより一層ひきつけたのは，市販されている身近な生活音や自然の音などよりも，担任など身近にいる先生の声やエレベーターの開閉音，トイレの水が流れるときの音でした。声や音の質などは，市販されているものと比べようがありませんが，子どもにとって，より身近な人の声であったことや音のユニークさが，興味をひきつける要因となったのでしょうか。(ただ，トイレの水の流れる音を録音中に「〇〇先生，何をしているのですか？」などと，同僚から，不思議そうな表情で質問されたことがありました。)

6 左からかぞえて何番目，右からかぞえて何番目！

準 備 ・目隠し（アイマスクなど）

主なねらい

・「右」「左」「前」「うしろ」といった方向や「まんなか」「はし」といった位置関係がわかる。
・並んだ子どもの位置を確認し，左からかぞえて何番目，右からかぞえて何番目かがわかる。
・目隠し後も，目隠し前に記憶した子どもたちの位置関係を想起することができる。

活動（あそび）の手順

①数人の子どもを横一列に並ばせます。
②その前2mくらいのところに一人の子ども（答える子ども）を向き合ってすわらせます。
③答える子どもに「あなたから見て，左からかぞえて3番目にいる人は誰ですか」などと質問をします。
④この学習に慣れてきたら，答える子どもに目隠しをさせ，「いちばん右端にいる人は誰でしたか」などと質問をし，答えさせます。

ポイント・留意点

・問題の出し方は，子どもの様子を見ながら，「右からかぞえて2番目にいる人は誰ですか」「いちばん左端にいる人は誰ですか」「真ん中の人は誰ですか」などと，いろいろ変えてみましょう。

- 学習の進み具合をみながら，並ぶ人の数を増やしたり，減らしたりしてみましょう。
- 並ぶ人，答える人の役割を適宜変えながら進めてみましょう。

エピソード⑥　左からかぞえて何番目，右からかぞえて何番目！

　はじめは3人で右，左，真ん中を勉強しました。人数が増えると，Aくんは指でさしながらかぞえ，「右から2番目は〇〇くーん」と大きな声で答えることができました。目隠しをしたまま答えるときは，じーっと考えていました。並んでいるお友だちもワクワクしながら必死に声を出さないように待っています。Aくんの「〇〇くん！」の声に「大正解！」とみんなの歓声が上がりました。

7 マットをつなげて形を作ってみよう！

準 備	・マット（縦横 40cmくらいのつなげられるもの） 　30枚くらい

主 な ね ら い

・友だちと共同し，マットをつなげて，正方形や長方形を作ることがで
　きる。
・形についての理解を深め，考える力やイメージする力を養う。

活動（あそび）の手順

・4枚，9枚，16枚のマットで使って正方形を作る。
・6枚，8枚，10枚，12枚，18枚のマットを使って，長方形を作る。

ポイント・留意点

・用意したマットは，全部使い切るようにしましょう。
・作り終わったら，長方形になっているかどうか，マットとマットがしっかり
　つながっているかどうかなど，みんなで確認しましょう。
・2〜3人ずつ2つのチームを作って，競わせると盛り上がるでしょう。

> **エピソード⑦　マットをつなげて形を作ってみよう！**
>
> 　9枚のマットで正方形を作ろうと思ったら，あれれ？片方だけ長くなってしまいました。それでもみんなであれこれ意見を出して正方形が完成しました。次に，「16枚で真四角を作ろう」と言うと「えーっ!?」と声が上がりましたが，Cさんが「そうだ！」とコツに気づいたようです。それから次々に「できる，できる」「かんたんだよ」と，あっという間に正方形を完成させることができました。

8 マットをつなげて模様を作ってみよう！

準 備

・カラーマット（縦横 40cmくらいのつなげられるもの，赤・白・緑・ピンク・青など各色数枚ずつ）合計 30 枚くらい
・呈示用のＡ２大きさの図版（カラーマットを組み合わせて作れる模様をいくつか描いておく）

主 な ね ら い

・友だちと共同しながら作業を進めることができる。
・カラーマットを使って，図版と同じ模様をみんなで作ることができる。
・色や形，空間における位置，空間関係についての理解を深める。

活動（あそび）の手順

①模様が描かれた図版をしっかり見せます。
②カラーマットを使って，図版と同じ模様を作らせます。

ポイント・留意点

・作り終わったら，図版と同じ模様ができているか，マット同士がしっかりつながっているか，確認させましょう。
・2～3人ずつ2つのチームを作って，どちらが早く，どちらが正確に作れるか，競わせるとおもしろさが増すでしょう。
・使用するマットの枚数などは，子どもの実態や授業の進み具合を加味しながら，調整していきましょう。基本的には，少ない枚数から多い枚数へ，単純な模様から複雑な模様へと進めていくとよいでしょう。

第2部 実践編

実践豆知識⑥　PLM知覚運動学習教具

　PLM知覚運動学習教具（竹井機器工業株式会社）は，石部元雄・斎藤秀元・竹内光春・山下皓三らにより，主に知覚運動協応能力の発達が遅滞している幼児や心身障害児の知覚運動能力を高めるために創案されたもので，中に，円筒ペグボードが入っています。円筒ペグボードは，見本を見ながら，赤や青，黄色の円筒をペグに差し込んで同じ模様を作るなど，視覚認知や視－運動能力を高めるための個別学習でよく用いられています。

第2章 視覚認知の発達を促す指導

1. 視覚認知の発達を促す指導とは

　第1部第3章で述べたように，肢体不自由の中でも脳性まひ（痙直型PVL）の子どもの多くに視覚認知の困難が見られます。Frostig 視知覚発達検査では「図形と素地」の成績が最も悪く，次に「形の恒常性」の成績が悪くなることが多くあります。また，奥行きがわかりにくいなど，立体的な対象の認知など視空間認知が弱いことなどもあげられます。

　二分脊椎で水頭症を患っている子どもは，視覚的な記憶力が低く，黒板の文字などを正確にノートに写すことが難しいことも多いです。

　このように，疾病によって異なりますが，視覚認知に問題を抱え，具体的に学習上の困難を示す子どもが多く見られます。そこで，個々の視覚認知の傾向を探りながら，改善のために次のような活動内容を考えました。

2. 視覚認知を改善する活動例

（1）視覚弁別

　①形，色，大きさなどによってものを分類する。

　②カップや型はめなどで，サイズを見分ける練習をする。

　③身近なものの同じ形集めをする。

　④色や形を使ったカードゲームをする。

　⑤パズルや型はめをする。

　⑥ストローやモールなどを使って，形，文字，図形などを作る。

　⑦背中に指で文字や形を描き，それが何かを当てる。

　⑧身体を使ってその形を作る。

（2）図地弁別

①「かくれんぼ絵本」や図形さがしなどのゲームをする。

②ジグソーパズルをする。

③迷路をする。

④図形や文字の形を上からなぞる。

⑤一部が欠けた図形や文字を呈示して，子どもに欠けた部分を完成させる。
（視覚閉合の指導ともなる）

（3）空間認識

①図形を組み合わせたパターンを写す。（例：モザイク，積み木模様など）

②ジオシートのデザインを写す。

③点を結んで完成させる絵や迷路をする。

④図を見て作る模型や工作，手芸などをする。

⑤簡単な地図を描く。通り道等をなぞる。

⑥相手のポーズを見て身体模倣をする。

⑦神経衰弱，カルタ，五目並べ，オセロなどの位置に関わるゲームをする。

（4）視覚的記憶

①ものを並べて記憶させ，その中から1つものを取り除き，取り除いたものを当てさせる。あるいは，位置を変えてはじめの位置にもどさせる。

②積み木やビーズなどで作った模様を見せ，記憶を頼りに同じものを作らせる。

③並べた順番を覚えさせ，それを変えて提示し，最初の順に直させる。

④神経衰弱ゲームをする。最初はカードをきちんと整列させて行う。カードの向きをばらばらにすると，難易度が高まる。

⑤絵や写真を見せ，その中にあったものを思い出させる。

3．視覚認知の発達を促す開発教材の紹介

　ここでは，視覚認知の発達を促すために開発した5つの教材を紹介します。

　①7段パズル，②図形描き，③図形写し，④三角形の合成・分解，⑤図形ならべのそれぞれのねらいは，下表のとおりです。

　主に，図地弁別，視覚弁別，空間認識，視覚的記憶の力などを伸ばします。なお，順序を定め，部分から全体へ継次的に処理が進むように指導していきます。

①７段パズル	図地弁別，視覚弁別，空間認識，視覚的記憶の力を伸ばす。
②図形描き	手指の運動とともに，視覚弁別，空間認識の力を伸ばす。
③図形写し	図地弁別，空間認識，視覚的記憶の力を伸ばす。
④三角形の合成・分解	視覚弁別，空間認識の力を伸ばす。
⑤図形ならべ	主に視覚的記憶の力を伸ばす。

第2部 実践編

① 7段パズル

① ねらい

　形や絵柄を頼りに，部分から全体を構成していきます。形の選別，図と地の区別，絵柄の関連性などの視知覚認知機能の向上と，部分から全体へ順序よく処理する継次的処理能力の向上を図ります。

② 教具の製作

【材　料】
　CDケース，パネル用スチレン板，ケント紙，絵柄

【作り方】
　CDケースの大きさに合わせた絵柄をスチレン板に貼り，適当な数のピースに切り分ける。絵柄，ピースの形を番号描いたもの，番号入り，無地など各段階の型紙をケント紙で作る。最後にCDケースに入れる。

③ 学習の仕方

ア）台紙の絵柄に合わせる（図1）

　絵柄のピースを，絵柄のついた台紙に合わせてはめていきます。児童がよく知っているキャラクターなどの絵柄であると容易にできます。

図1　絵柄を合わせる

イ）形・番号を合わせる（絵柄）（図2）

　台紙に1ピースずつ同じ形を描き，番号をふります。台紙の番号に合わせて，同じ形のピースの裏にも同じ番号をふります。ピースの番号と台紙の番号を合わせてピースをはめていきます。形と番号がヒントに

図2　形・番号を合わせる（絵柄）

なります。番号順に形と絵柄を見ながら位置や方向を定めてはめていくように指導します。

ウ）形を合わせる（図3）

1ピースずつの形を描いた台紙に合わせて，絵柄のピースをはめていきます。形のみがヒントになります。形と絵柄を見ながら位置や方向を定めてはめていくように指導します。

エ）無地の台紙でピースの絵柄を合わせる（図4）

無地の台紙に，ピースの絵柄を見ながらはめていきます。完成した絵柄を思い浮かべて，場所や位置，方向を定めてはめていくように指導します。難しいようであれば，絵柄の台紙を提示し，それを見ながらはめていくようにします。

図3　形を合わせる（絵柄）

図4　無地の台紙で絵柄を合わせる

オ）形・番号を合わせる（無地）（図5）

台紙に1ピースずつ同じ形を色線で描き，番号をふります。台紙の番号に合わせて，同じ形のピースの裏にも番号をふります。ピースの番号と台紙の番号を合わせてピースをはめていきます。形と番号がヒントになります。番号順に形を見ながら位置や方向を定めてはめていくように指導します。

カ）形を合わせる（無地）（図6）

台紙に1ピースずつ同じ形を色線で描き，無地のピースをはめていきます。形のみがヒントになります。形を見ながら場所や位

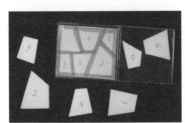

図5　形・番号を合わせる（無地）

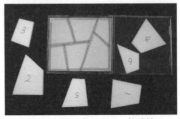

図6　形を合わせる（無地）

置，方向を定めてはめていくように指導します。

キ) 角・形を合わせる（図7）

無地の台紙に合わせて，無地のピースをはめていきます。直角の四隅からピース裏の番号の上下をヒントに，場所や位置，方向を定めてはめていくように指導します。

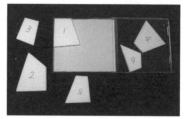

図7　角や形を合わせる

④　活用と応用

子どもの能力に応じて1段階から進めていきます。徐々にできるように工夫します。何ピースにでもできるので，難易度は子どもに合わせて自由に変えることができます。絵柄は，子どもたちの好きなキャラクターを用いると学習意欲が増し，視覚注意力も向上します。

② 図形描き

① ねらい

　なぞりがき，ふちどり，定規なぞりがきなどの練習によって，目と手の協応，頂点直線の意識化，手指の巧緻性の向上を図ります。

② 教具の製作
【材　料】
　パネル用スチレン板（B5）　2枚
【作り方】
　（例：溝なぞり板）：スチレン板に基本図形を描き，カッターで切り取る。もとの板の切り抜き部分と切り取った図形の縁を傾斜をつけて1mm程度小さく削る。もう1枚のスチレン板にその板と切り取った図形を貼る。「内ふちどり」の教具も同様に作り，切り取った図形を「外ふちどり」の教具とする。

③ 学習の仕方
ア）溝なぞり（図8）

　スチレン板の基本図形の溝に鉛筆を入れ，何度もなぞります。頂点から頂点へ鉛筆を放たずに続けて描きます。それができるようになったら，左上（あるいは真上）からなぞりはじめ，横線は左から右へ，縦線は上から下へ角（頂点）までなぞるように指導します。

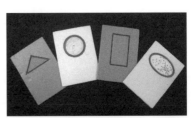

図8　溝なぞり

イ）内ふちどり（図9）

　スチレン板の基本図形の切り抜きの内側に鉛筆を入れ，内側のふちどりをしま

図9　内ふちどり

す。頂点から頂点へ鉛筆を放たずに続けて描く。それができるようになったら，左上（あるいは真上）からふちどりしはじめ，横線は左から右へ，縦線は上から下へそれぞれ角（頂点）から角（頂点）までふちどりするように指導します。

ウ）外ふちどり（図10）

スチレン板を基本図形に切り取った物の外側に鉛筆をあて，外側のふちどりをします。頂点から頂点へ鉛筆を放たずに続けて描きます。それができるようになったら，左上（あるいは真上）からふちどりしはじめ，横線は左から右へ，縦線は上から下へそれぞれ角（頂点）から角（頂点）までふちどりするように指導します。

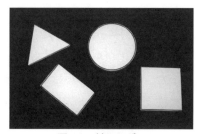

図10　外ふちどり

エ）定規なぞり（直線）（図11）

基本図形の描かれているプリントの直線に定規をあてて，ふちどりの要領で線を引く。頂点から頂点へ，左から右へ，上から下へ引くことや，定規は横線では直線の下に，縦線では直線の左側に合わせて置くように指導します。

図11　定規なぞり（直線）

オ）頂点結び（図12）

基本図形の頂点のみを記したプリントの頂点に定規をあてて，直線を引き図形を作図します。頂点の数と位置から図形をイメージし，どの頂点とどの頂点を結ぶか考えさせ，指でなぞらせます。2つの頂点に定規を合わせ，頂点の真上から頂点の真上まで引くように指導します。引き忘れの辺がないように注意させます。

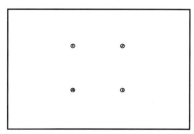

図12　頂点結び

カ）点結び（図13）

　等間隔にドットのあるプリントのドットを直線でつないで，提示した見本を模倣したり，自由に図形を描いたり，模様を描いたりして，作図を楽しみます。

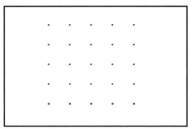

図13　点結び用

④　活用・応用

　「小学校学習指導要領第3節算数第2第1学年2内容C「図形」ア　物の形を認めたり，形の特徴をとらえたりすること。」以上の内容の学習に活用できる教材です。ジオボードを使った「図形写し」と合わせて指導することで学習効果が上がると考えられます。

　また，基本図形の型はめも，形の特長をつかむことができ，形弁別の学習に役立つと考えられます。

③ 図形写し

① ねらい

見本の図形の頂点の位置や曲線をしっかりおさえて,模倣し作図することで,図形の頂点の位置関係をつかむとともに,面は線によって閉鎖されていることを認識し,空間の位置関係に関わる認知機能の向上を図ります。

また,複数の図形の中から1つの図形を取り上げながら,作成することで図と地の区別に関わる認知機能の向上を図ります。

② 教具の製作

【材　料】

板,釘,カラー輪ゴム

【作り方】

板の片側に等間隔に5列5行に25本の釘を打つ。釘の下と左側に5までの番号を書く。模倣の見本問題を作成する。

③ 学習の仕方

ア）ジオボード遊び（図14）

ジオボードに輪ゴムをはり,自由に簡単な図形を作ります。釘が頂点,ゴムが辺（直線）であること,閉じた空間であることを知らせます。

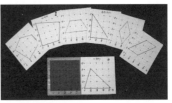

図14　ジオボードとシート

イ）図形作図（図15）

ジオボードに輪ゴムをはり,見本の図形を模倣します。頂点に注目させ,「3の4」などと座標を言いながら,対応した釘（頂点）に指で触れ,輪ゴムをかけます。

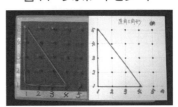

図15　基本図形作図

ウ）複数図形作図（図16）

　ジオボードに輪ゴムをはり，見本の複数の図形を模倣します。図形の重なり方を考えながら，1つずつの図形を指でなぞり，1つずつの頂点に対応した釘に指で触れながら座標を言い，色のついた輪ゴムをかけていきます。

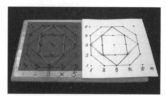

図16　複数図形作図

エ）自由図形作図（図17）

　自由にジオボードに図形を作成します。色輪ゴムを使い，いろいろな図形や模様を作成していきます。図形の重なりや位置関係を工夫することで面白い模様ができることを指導します。

図17　自由図形作図

オ）シート作図（図18）

　ジオボード同様の点つなぎ用紙（5点×5点）に見本の図形を描きます。各頂点の座標を確認し，対応する頂点を見つけます。頂点2つを定規で使って結んでいき，図形を作図します。

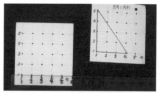

図18　シート作図

カ）自由作図（図19）

　点つなぎ用紙に自由に図形や模様を描きます。点を自由に結び，できる図形や模様を楽しませます。定規や鉛筆の使い方など乱雑にならないように指導します。

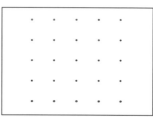

図19　自由作図用の点つなぎ用紙

④　活用

　「小学校学習指導要領第3節算数第2第1学年　2内容C「図形」ア　物の形を認めたり，形の特徴をとらえたりすること。」以上の内容の学習に活用できる教材です。なぞりがき，ふちどり，定規なぞりがきなどの練習「図形描き」と合わせて指導することで学習効果が上がると考えられます。

第2部　実践編

 三角形の合成・分解

① ねらい

　直角二等辺三角形を2つ使って，図形の合成・分解の基礎を学習します。形の恒常性に関わる認知機能の向上を図ります。

② 教具の製作

【材　料】

　パネル用スチレン板（B5判）　2枚

【作り方】

　スチレン板に直角二等辺三角形2つの図を描き，カッターで切り取る。切り抜いた板ともう1枚のスチレン板を貼り合わせる。

③ 学習の仕方

　直角二等辺三角形2つを入れる型はめです。分離している図柄（図20）から，合成している図形（図21），辺がずれて接している図形（図22）などへと指導していきます。

　自分に対する型はめの置き方や1つの直角二等辺三角形の位置を捉えられるような工夫が必要になってきます。片手で1つの三角形を隠し情報量を減らすことや指でなぞって三角のありかを見つけ出す等の工夫

図20　分離

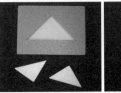

図21　合成

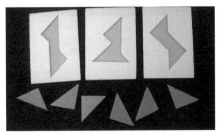

図22　三角形の合成いろいろ

91

が効果を上げると考えられます。

④ 活用

　1年生の図形の学習内容として三角形の合成分解の内容は，各教科書や学力試験等に扱われています。PVLの児童は特に苦手とするところです。何度も繰り返し指導するとともに，形の弁別をするための手立てを自ら学び獲得していくことが大切です。

⑤ 応用

　直角二等辺三角形2つの合成の型はめでしたが，1つの三角形であっても，各頂点を合わすことができず，難しい児童もいます。いろいろな三角形の型はめから指導するとよいでしょう。また，さらに3つ，4つ，それ以上の型はめやパズルも有効な教材になると考えられます。図23，図24はその例です。

　また，四角形や正三角形等も含めて，敷き詰めたようなパズルや図25の立体的な積み木を使った合成パズルも，形の合成・分解をねらいとした楽しい教材になると考えられます。

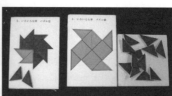

図23　三角形合成パズル

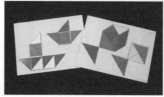

図24　三角形の色板パズル

図25　積み木の合成パズル

⑤ 図形ならべ

① ねらい
　図形の特徴をとらえながら，指示された位置に並べます。その各図形の位置を覚えて，再度構成する学習によって，視覚的な記憶能力の向上を図ります。

② 教具の製作
【材　料】
　パネル用スチレン板
【作り方】
　スチレン板を基本図形やその他の形にカッターで切り取る。

③ 学習の仕方
ア）見本のプリントを示し，それと同様な位置に該当する図形を解答プリントに配置させます。

イ）しっかり，それぞれの図形の位置を覚えさせます。

ウ）見本と解答用紙上の図形チップを取り除き，時間を少しおきます。
　（時間は児童によって調整します。「すぐに」，「10秒数えて」，「20秒数えて」など徐々に長くしていきます。また，朝食の内容や今日の日付を聞くなど

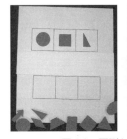 

図26　図形ならべ（記憶）

の妨害刺激を入れてみるなどの方法があります。)
エ) 解答用紙にチップを並べ再現します。
オ) 見本と比べ，合っているか確かめます。

④ 活用

　視覚的な記憶能力の向上をめざすものですが，聴覚的な記憶能力の活用等も含め指導を工夫することが望ましいです。
　並べるときや確認するとき，覚えるときに，手や指で触れながら図形の名前を言うなど，聴覚・触覚を補助的に使い短期記憶できるように自分から工夫するように，指導することが大切です。

⑤ 応用

　図形のチップを使いましたが，記号カード，絵カード，写真カード，文字カード，数字カードなどを使うこともできます。
　また，図27のように台紙に図形チップを貼り，ブラックボックスや目隠しをして，触察のみで，形を把握し，記憶して台紙に並べるようにすることも，形弁別の機能向上にとても有効です。触覚によって形弁別し，記憶するということにより，形に対する認知能力が向上し，触覚からの記憶も追加され，イメージがしっかりと記憶されるのではないかと考えらます。

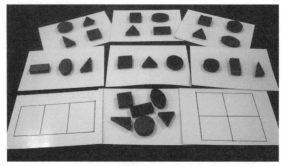

図27　図形を触って覚えよう！

付録 CD-ROM に収録

第3章 『学習カード』を用いた指導

◆色・音・形・体・概念化の指導における学習カードの作成

（1）入門期のレディネス研究グループの取り組み

　井上洋子らの東京教育大学附属桐が丘養護学校（現筑波大学附属桐が丘特別支援学校）の入門期のレディネス研究グループは，就学レディネスの形成を図るために，「色」「音」「形」「体」「発語」「生活」の6領域からなる学習レディネスカード（通称100枚カード）を作成し，さらに斎藤秀元らの脳性まひ児の知覚−運動学習研究グループは，そのうちの「色」「音」「形」「体」の4領域における具体的な指導計画を作成しています。（以上，筑波大学附属桐が丘特別支援学校研紀要第7・8・9・11巻）

　上記研究グループが示す「色」「音」「形」「体」の領域・分野は，次ページの表5に示すとおりです。

（2）学習カードの原画の作成

　私たちは，こうした領域・分野に対応させ，「色」「音」「形」「体」の各領域・分野で指導することを目的とした，学習カード用の原画を作成してみました（表5）。

　加えて，事物どうしを関係づけ，分類する，といった概念化の指導で用いることを目的として，「果物」「野菜」「動物」など，その種類ごとに学習カード用の原画を作成してみました（P146，付録 CD-ROM，『学習カード』5.概念化のための指導）。

　なお，表5にある「使用する学習カード」は，付録 CD-ROM に収録されています。実際の指導で使用する学習カードを作成する場合には，付録CD-ROM をご活用ください。

表5 「色」「音」「形」「体」の分野と使用する学習カードの対応表

領 域	分 野	使用する学習カード
色	①色の弁別	「赤」「青」「黄」「緑」「紫」「黒」「白」「橙（オレンジ）」
	②色の名称	の色カード
	③濃淡の弁別	濃淡が違う3種類の色カード
音	①音の経験と名称	「笛」「ギター」「鉄琴」「ピアノ」「たいこ」「カスタネット」の絵カード
	②音の聞き分け	「せみ」「ねずみ」「ひよこ」「ねこ」の絵カード
	③音の強弱	－
	④音の記憶	「タンバリン」「鈴」「たいこ」の絵カード
	⑤音・音声の分離	「タンバリン」「鈴」「たいこ」「ピアノ」の絵カード
形	①形の異同弁別	「まる」「三角形」「正方形」「長方形」「十字形」の形カード
	②形の名称	「まる」「三角形」「正方形」「長方形」「十字形」の形カード
	③形の記憶	「まる」「三角形」「正方形」「長方形」「十字形」の形カード
体	①身体認知・概念	学習カード「顔で足りないところ」 学習カード「手足で足りないところ」 学習カード「顔と体」
	②身体技能	学習カード「動作の模倣」

第2部　実践編

（3）学習カードの作成の手順（付録 CD-ROM を使用）

　実際の指導で使用する学習カードは，付録 CD-ROM に収録されている原画を活用し，次の手順で作成していきます。

　なお,「概念化」に関する指導では,「果物」「野菜」以外の分野の学習カードもたくさん作成し，それぞれの分野における物の名前や物同士の関係づけ，分類などの指導を試みてください。

①使用する原画を付録 CD-ROM からプリントする。
②プリントする際の大きさは，8×13㎝程度の大きさの白ボール紙に収まる程度とするが，使用目的などにより，大きさを変えるなどの調整をする。
③プリントした原画一枚一枚を8×13㎝程度の大きさの白ボール紙に糊付けする。
④学習効果などを考え，必要に応じて色づけを行う。
※使用する原画を白ボール紙に直接プリントしてもよい。

1 色に関する指導

色に関する指導項目

①色の弁別に関する指導

②色の名称に関する指導

③色の濃淡に関する指導

色の種類

　色カード作成のための色の種類は，「赤」「青」「黄」の3原色と，「緑」「紫」「黒」「白」「橙（オレンジ）」の5色を加えた8色を基本とします。

　「緑」「紫」「黒」「白」「橙（オレンジ）」の各色は，「見分けやすさ」や色の名称の「読みやすさ」などの観点から選択したものです。

ねらい

　私たちは，りんごについて，「りんごの実は，赤く，球形で，食べられます」などと説明します。反対に，「赤く，球形で，食べられるものは何ですか?」と聞かれれば，それは何であるかが，だいたいわかります。ここでは，人が事物や対象を理解する上で欠かせない，色の名称を覚え，色の違いを弁別するなどの基礎的な能力を育てていくことをねらいとします。

① 色の弁別に関する指導

【準　備】
・「赤」「青」「黄」の色カード　2組

【やり方】
　「赤」「青」「黄」の色カードを子どもの前にランダムに並べ，提示用のカードを見せながら，「これと同じ色のカードはこの中にありますか，指さしてください」などと指示します。

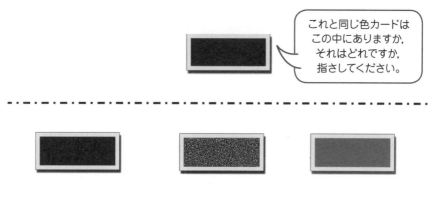

これと同じ色カードはこの中にありますか，それはどれですか，指さしてください。

【留意点】
・色がわからないときは，「この色はこのカードの色と同じです」などと色カードを提示しながら教えます。
・子どもの実態や学習の進み具合に合わせて，ほかの色カードについても実施してみましょう。

② 色の名称に関する指導

【準　備】
・「赤」「青」「黄」「緑」「紫」「黒」「白」「橙（オレンジ）」の8種類の色カード

【やり方】
・「赤」の色カードを見せながら，「このカードの色は何ですか」などと聞きます。

・次に「青」の色カードを見せながら，「このカードの色は何色ですか」などと聞きます。

・同様に，ほかの色についても聞いていきます。

【留意点】
・色の名前がわからないときは教えます。
・子どもの実態や学習の進み具合に合わせて，使用する色カードの枚数を加減しましょう。
・「赤」「青」「黄」などの色カードをランダムに子どもの前に並べて「赤はどれですか，指さしてください」などと聞いても構いません。

③ 色の濃淡に関する指導

【準　備】
・色の濃淡が違う3種類の色カード

【やり方】
①色の濃淡が違う3種類の色カードを子どもの前にランダムに並べます。
②たとえば,「この中で一番濃い赤はどれですか,指さしてください」「では,一番薄い赤はどれですか,指さしてください」などと指示します。

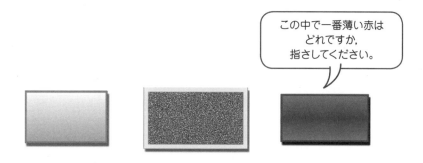

【留意点】
・濃淡の意味がわからないときは,その意味をしっかり教えてから,進めていくようにしましょう。
・カードの色は,濃淡がはっきりしている「赤」「緑」を使用するとよいでしょう。
・提示用の色カードを見せて,「この色カードと同じ濃さのカードを指さしてください」などと指示してもよいでしょう。

② 音に関する指導

音に関する指導項目

①音の経験と名称に関する指導

②音の聞き分けに関する指導

③音の強弱に関する指導

④音の記憶に関する指導

⑤音・音声の分離に関する指導

音の種類

楽器「笛」「ギター」「鉄琴」「ピアノ」「たいこ」「カスタネット」など。

ねらい

人の話を聞くことができるのは，私たちが，様々な聴覚刺激から，必要な音声や音を聞き分けられるなどの能力を備えているからです。ここでは，コミュニケーション活動にとって欠かせない，音や音声の違いを弁別し，記憶するなどの基礎的な能力を育てていくことをねらいとしています。

102

① 音の経験と名称に関する指導

【準　備】
・楽器「笛」「ギター」「鉄琴」「ピアノ」「たいこ」「カスタネット」
・それぞれ楽器の音を録音したCD・CD用デッキなど
・「笛」「ギター」「鉄琴」など，楽器に対応した絵カード

【やり方】
①「笛」「ギター」「鉄琴」「ピアノ」「たいこ」「カスタネット」など，いくつかの楽器を持ったり，たたいたりして自由にあそばせます。
②「笛」「ギター」「鉄琴」の3つの楽器と，それぞれに対応した絵カードを用意します。
③「笛」「ギター」「鉄琴」などの絵カードを子どもの前にランダムに並べ，見えないところで「鉄琴」の音を出して聞かせます。
④「いま聞いた音は，この絵カードの中にありますか，あったら指さしてください」などと指示します。

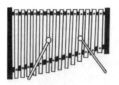

 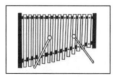 

【留意点】
・音はできるだけ均一になるように出しましょう。
・実物に替えて，録音した楽器の音（効果音）を用いるほうが効果的な場合もあります。

② 音の聞き分けに関する指導
【準　備】
・「せみ」「ねずみ」「ひよこ」「ねこ」の絵カード
・「せみ」「ねずみ」「ひよこ」「ねこ」の鳴き声を録音したCD・CD用デッキなど

【やり方】
①「せみ」「ねずみ」「ひよこ」「ねこ」の絵カードを子どもの前にランダムに並べます。
②それぞれの鳴き声を子どもに順に聞かせて,「いま聞いた鳴き声はこの中にあります。それはどれですか」などと聞きます。

【留意点】
・正しく答えられたら,「そうですね,『ひよこ』の鳴き声でしたね」などと確認をしていきましょう。

③　音の強弱に関する指導

【準　備】
・楽器「たいこ」「タンバリン」「カスタネット」

【やり方】
① 「たいこ」を音の強弱をつけて1回ずつたたきます。
② 子どもに「いま聞いた2つの音のうち，強い音はどちらでしたか，また弱い音はどちらでしたか」などと聞きます。
③ 次に，「タンバリン」と「カスタネット」を2回ずつたたいて，どちらが強い音だったか，弱い音だったかを聞きます。

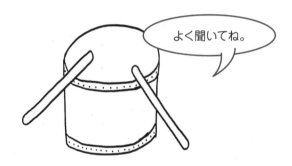

【留意点】
・正しく答えられなかったり，躊躇したりしていたら，もう一度たたいて聞かせてあげましょう。わからなければ，「強い音は，こうたたいたときの音ですよ」「弱い音は，こうたたいたときの音ですよ」などと言って教えてあげましょう。
・2つの音の強弱がわかってきたら，3回たたいて，「いちばん強い音」「いちばん弱い音」はどれだったか質問します。正しく答えられたら，「そうですね，いちばん弱い音は最後にたたいたときのこの音でしたね」などと言って，確認をしていきましょう。

④ 音の記憶に関する指導
【準　備】
・楽器「タンバリン」「たいこ」「鈴」
・「タンバリン」「たいこ」「鈴」の絵カード

【やり方】
①3枚の絵カードを子どもの前にランダムに並べます。
②次に3つの楽器の音を見えないところで順に鳴らします。
③「前に並んでいる絵カードを聞いた順番で左から並べてください」などと言います。

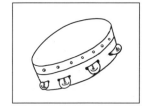  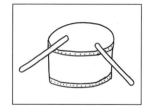

【留意点】
・たたく順番は適宜決めていきましょう。
・正しく答えられなかったり，躊躇したりしていたら，もう一度鳴らして聞かせてあげましょう。
・音の間隔や音の大きさはできるだけ均一になるようにしましょう。
・学習がスムーズに進むようでしたら，楽器の種類を4つ，5つと増やしていきましょう。

⑤ 音・音声の分離に関する指導

【準 備】
・楽器「タンバリン」「鈴」「たいこ」「ピアノ」
・「タンバリン」「鈴」「たいこ」「ピアノ」の絵カード

【やり方】
① 「タンバリン」「鈴」「たいこ」「ピアノ」の絵カードを子どもの前にランダムに並べます。
② 次に，見えないところで，「タンバリン」「鈴」の音を同時に出します。
③ 絵カードを指さしながら，「いま聞いた音は，このカードの中にありますか，あったらそのすべてのカードを指さしてください」などと言います。

【留意点】
・音の数を2つから3つへと徐々に増やしていくようにします。
・それぞれの楽器の音の長さや強さは均一に鳴らすようにします。
・大人が2人以上いれば，たたく楽器を分担し合いながら，進めていくとよいでしょう。
・にぎやかな教室内で，多くの人の声を録音したものを聞かせて，「誰の声が聞こえましたか」などと質問してみてもよいでしょう。

3 形に関する指導

形に関する指導項目

①形の異同弁別に関する指導

②形の名称に関する指導

③形の記憶に関する指導

④視−運動に関する指導

⑤図−地知覚に関する指導

⑥形の恒常性に関する指導

⑦空間における位置に関する指導

⑧空間関係に関する指導

⑨形の模写に関する指導

　ここでは，主に学習カードを用いた①形の異同弁別，②形の名称，③形の記憶に関する教材について紹介します。

　④視−運動，⑤図−地知覚，⑥形の恒常性，⑦空間における位置，⑧空間関係，⑨形の模写に関する指導については、第4章で紹介します。

図形の種類

　図形は，「まる」「三角形」「正方形」「長方形」「十字形」の5つの図形を基本とし、必要に応じて、図形の種類を増やしていきます。

ねらい

　私たちが字を読んだり，書いたりできるのは，様々な形を弁別し，記憶し，目と手を協応させるなどの能力をその前提に備えているからです。ここでは，読み書きの学習にとって欠かせない，形の違いを弁別するなどの基礎的な能力を育てていくことをねらいとしています。

① 形の異同弁別に関する指導

【準　備】
・「まる」「三角形」「正方形」「長方形」「十字形」の形カード　2組（1組は提示用）

【やり方】
①「三角形」「正方形」「長方形」の形カードを子どもの前にランダムに並べ、提示用カードと同じ図形のカードを選択させます。
②たとえば、正方形の提示用カードを見せ、「これと同じ形のカードはどれですか、指さしてください」などと指示します。

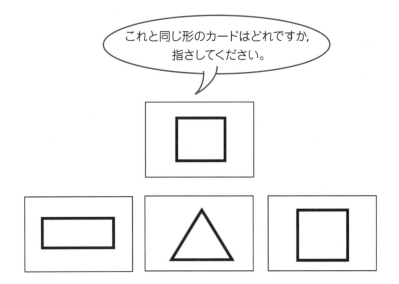

【留意点】
・提示用カードを1枚見せ、隠してから次のカードを見せるようにします。
・1枚のカードの提示時間は1秒から2秒とします。
・机上に置くカードの枚数は、子どもの様子を見ながら加減するようにします。

② 形の名称に関する指導
【準　備】
・「まる」「三角形」「正方形」「長方形」「十字形」の形カード

【やり方】
①「まる」「三角形」「正方形」「長方形」「十字形」の形カードを順に見せながら，その名称を言わせます。

【留意点】
・「まる」「三角形」「正方形」などの形カードをランダムに子どもの前に並べて，「三角形は，この中にありますか。それはどれですか，指さしてください」などという指示の仕方でも構いません。その場合も，「その形の名前は三角形です」などと言って確認していきましょう。
・必要に応じて，形の種類を増やしていきましょう。

実践豆知識⑦　文字様図形

　文字様図形といわれてもなじみのない言葉だと思いますが，私たちは，たとえば，「6」のような形をした図形を文字様図形と便宜的に呼んでいます。この図形には，直線，曲線，斜め線などが同時に含まれていて，横線や縦線，斜め線などをうまく書けるようになった子どもに対し，ひらがな指導の前に，このような図形を書かせる指導を行っていきます。

③ 形の記憶に関する指導

【準　備】
・「まる」「三角形」「正方形」「長方形」「十字形」の形カード　2組（1組は提示用）

【やり方】
①「まる」「三角形」「正方形」「長方形」「十字形」の形カードを子どもの前にランダムに並べます。
②提示用カードの「まる」を見せ，隠してから，次に「三角形」の提示用カードを見せて，また隠します。
③子どもに，見た形のカードを順番に選択させます。

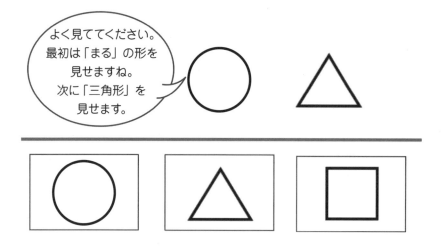

【留意点】
・提示用カードを見せ，隠してから次のカードを見せるようにします。
・1枚のカードの提示時間は1秒から2秒とします。
・机上に置くカードの枚数は，子どもの様子を見ながら加減するようにします。

4 体に関する指導

体に関する指導項目

① 「身体認知・概念」に関する指導
② 「身体技能」に関する指導
③ 「身体空間の広がり」に関する指導
④ 「身体言語」に関する指導

　ここでは、「顔で足りないところ」「手足で足りないところ」「顔・体の各部の名称とはたらき」「動作の模倣」などの学習カードを用いて、①「身体認知・概念」に関する指導、②「身体技能」に関する指導を行っていきます。

使用する学習カード

・「顔で足りないところ」
・「手足で足りないところ」
・「顔・体の各部の名称とはたらき」
・「動作の模倣」

ねらい

　自分と外界との関係や外界における事物どうしの関係について理解するためには、まずは自分自身の体について知らなければなりません。そこで、ここでは、自分の身体部位などについての知識（名称や機能について）や認知の概念を育てていくことをねらいとします。

①-ア 「身体認知・概念」に関する指導（顔で足りないところ）

【準 備】
・「顔で足りないところ」の学習カード

【やり方】
① 「目」の足りない学習カードを見せながら，「よく見てください。ここに顔が描いてあります。足りないところがあります。それはどこですか，指さしてください」などと聞きます。
② 次に「眉毛」「口」「鼻」の足りない学習カードを提示して，どこが足りないかを言わせます。
③ わからなければ，「よく見てください，この顔には目が足りません」などと教えていきます。

【留意点】
・「足りないのは目です」などと名称で答えさせてもよいでしょう。
・わからなければ，「よく見てください，この顔には目が足りません」などと教えていくとよいでしょう。

①-イ 「身体認知・概念」に関する指導（手足で足りないところ）

【準　備】
・「手足で足りないところ」の学習カード

【やり方】
①手の部分が描かれていない学習カードを見せながら，「よく見てください。これには足りないところがあります。それはどこですか，指さしてください」などと聞きます。
②次に，足の部分が描かれていない学習カードを見せて，足りないところを言わせます。

【留意点】
・「足りないのは足です」などと名称で答えさせてもよいでしょう。
・わからなければ，「よく見てください。ここが足りないです。足と言います」などと教えてあげるとよいでしょう。

①-ウ 「身体認知・概念」に関する指導（顔・体の各部の名称とはたらき）

【準　備】
・「顔と体」の学習カード

【やり方】
①学習カード（顔）を提示し，目の部分を指さしながら「この部分は何と言いますか，どんなはたらきをしますか」などと聞きます。
②同じカードを使って，鼻を指さしながら，「この部分は何と言いますか，どんなはたらきをしますか」などと聞きます。
③次に，学習カード（体）を提示し，手の部分を指さしながら「この部分は何と言いますか，どんなはたらきをしますか」などと聞きます。

【留意点】
・目について，わからなければ，「これは目です。目がないと物を見ることができません」などと教えてあげましょう。手については「これが手です。手は鉛筆で字を書いたり，おもちゃを持って，あそんだりするところです」などと教えてあげましょう。
・身体各部の名称を覚えることは，様々な学習の基礎となっています。

② 「身体技能」に関する指導（動作の模倣）
【準　備】
・「動作の模倣」の学習カード
・学習カードを2～3倍に拡大した提示用カード

【やり方】
①たとえば，大人が子どもの前で「手をたたく」「両手を上」などの動作を行って，子どもに同じ動作を模倣させます。
②学習カード（「両手を上」など）を見せながら，「この子どもは何をやっているところですか」などと聞き，その後，学習カードと同じ動作を子どもに行わせます。
③ほかの学習カードを順に見せながら，「この子どもは何をやっているところですか？」などと聞き，絵で示された動作を模倣させます。

【留意点】
・提示用カードは，8cm×13cm程度の大きさの学習カードを2～3倍に拡大したものを使用しましょう。
・①では「両手は横に」「両手を上」「両手を肩に」などの動作に合わせて，「両手は横」「両手を上」「両手を肩」などの言葉かけをして，言葉と実際の動作とのマッチングを図るようにしましょう。

5 概念化のための指導

(1) 概念化とは

ケファートによれば,「概念化とは, 知覚されたものを関係づけること, または, ある刺激が何であるかをいい, 知覚された物を関係づける能力」であるといい,「関係づけるとは意味により結びつけること」であるとされています。

(2) 概念化のための指導ステップ

また, 概念化のための指導ステップとして, ケファートは①語彙を豊かにすること, ②2つ以上の知覚を関係づけること, ③学習された概念に学習された知覚を関係づけること, ④より複雑な概念形成を図るために単純な概念を関係づけること, ⑤過去・現在・未来を関係づけることの5つの指導ステップがあるとしています。

ここでは, これらの指導ステップに即して, 作成した学習カードを用いながら, 概念化のための指導を行っていきます。

(3) なぜ概念化のための指導が必要か

事物や対象に共通している特徴を概念ということができます。概念は, 目の前の対象が何であるかを確認し, それぞれの対象に共通な特徴をとらえ, 比較・分類・整理していくなどの概念化の過程を経て, 作られていきます。障害の重い子どもにとっては, 簡単な概念であっても, それを一度に身につけていくことは難しく, だからこそ細かな指導ステップを踏みながら, 意図的・計画的な指導を行っていくことが必要なのです。

指導の目的と使用するカードの対応表

指導ステップ	目　　　的	使用する絵カード
指導ステップ1	語彙を豊かにする	―
指導ステップ2	2つ以上の知覚を関係づける	「なし」「りんご」
指導ステップ3	学習された概念に学習された知覚を関係づける	「なし」「りんご」「みかん」「バナナ」
指導ステップ4	より複雑な概念形成を図るために，単純な概念を関係づける	「なし」「バナナ」「だいこん」「キャベツ」
指導ステップ5	過去・現在・未来を関係づける	「事故」「投手と打者」「トマト栽培」

第2部　実践編

★指導ステップ1・・・語彙を豊かにする

ある刺激が何であるかの確認を通して，語彙は獲得されていくことになりますが，これには4つのタイプがあると考えられます。

①　人を含めた生物に関するもの

手足に障害をもった子どもたちは，外に出かけたり，友だちと共同して遊んだりすることが難しく，制約されがちになります。語彙を豊かにしていくためには，こちらで子どもが人とふれあう機会をできるだけ多くつくってあげることが必要です。たとえば，教室にお客さんを招く，近くの商店街に出かけて多様な人々と直接ふれあうことなどは有効です。

②　無生物に関するもの

いろいろな具体物を教室に用意し，物に触れるなどの活動を通して，それが何であるかの確認は，語彙を豊かにさせていく上で効果的です。

③　場所や状況に関するもの

たとえば，整理棚を見ながら「整理棚には何がおいてありますか，それは上からかぞえて何段目ですか」などと聞いて，物の状態や物と物の位置関係について考えてみることが大切です。

④　抽象語

抽象語には愛，嫌，欲望，忍耐，悲しみなどがあります。この抽象語の指導は現実的にはきわめて難しいところがありますが，しかし，たとえば子どもを待たせる場面を意図的につくって，「忍耐は，待つことです」と言って指導を行ってみてもよいでしょう。

119

★指導ステップ２・・・２つ以上の知覚を関係づける

【準　備】
・「なし」「りんご」の具体物と絵カード

【やり方】
①「なし」と「りんご」の具体物を子どもの前に置きます。
②「なし」の具体物を指さしながら，「これはなしです，触ったり，見たり，においをかいだりしてみましょう」と言います。
③次に，「りんご」の具体物を指さしながら，「これはなしです，見たり，においをかいだりしてみましょう」と言います。
④「なし」と「りんご」の絵カードを見せながら「なしとりんごは両方とも果物で食べられます」などと言って，両者の関係づけを図っていきます。

【留意点】
・２つ以上の知覚の関係づけの指導では，２つ以上の知覚を"両方とも果物で，食べられるところが似ている"ことなどを伝え，その関係にしっかりした意味づけを行っていくことがきわめて大切です。

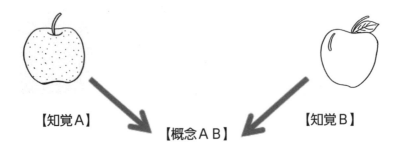

第2部　実践編

★指導ステップ3・・・学習された概念に学習された知覚を関係づける

【準　備】
・「なし」「りんご」「みかん」「バナナ」の絵カード

【やり方】
① 「なし」と「りんご」の絵カードを子どもの前に並べ，「りんごもなしも，両方とも果物です」と言います。
② 「みかん」の絵カードを加えて，指さしながら，「これはみかんです」と言います。
③ 並んだ3枚の絵カードを見ながら，「『なし』と『りんご』は果物でした。『みかん』も果物です。ですから，『なし』も『りんご』も『みかん』も全部果物です。3つとも食べられます」などと言います。
④ さらに，「バナナ」の絵カードを加えて，「ここにある『なし』『りんご』『みかん』『バナナ』は，全部木になっていて食べられるものです。果物だから関係があります」などと言って，4つの物の関係づけを図っていきます。

【概念ＡＢ】

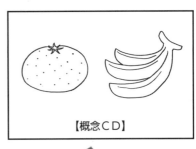
【概念ＣＤ】

【概念ＡＢＣＤ】

「なし」「りんご」「みかん」「バナナ」は全部木になっていて，食べられることから関係があります。そして，4つは全部「果物」です。

★指導ステップ4・・・より複雑な概念形成を図るために単純な概念を関係づける

【準 備】
・「なし」「バナナ」「だいこん」「キャベツ」の絵カード

【やり方】
①「なし」と「バナナ」の絵カードを指さしながら，「これは『なし』です。これは『バナナ』です。両方とも果物です」と言います。
②次に，「だいこん」「キャベツ」の絵カードを見せながら，「これは『だいこん』です。これは『キャベツ』です。両方とも食べられる，野菜です」と言います。
③4枚の絵カードを見ながら，「『なし』と『バナナ』は果物です。『だいこん』と『キャベツ』は野菜です。果物も野菜も食べられます。だから，『なし』『バナナ』『だいこん』『キャベツ』の4つとも食べられ，食物だから関係があります」と言います。

【概念AD】

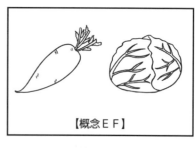

【概念EF】

【概念ADEF】

【概念AD】「なし」と「バナナ」は「果物」です。
【概念EF】「だいこん」と「キャベツ」は「野菜」です。
⇒「果物」と「野菜」は食べられるから関係があります。

第2部　実践編

★指導ステップ5・・・過去・現在・未来を関係づける

【準　備】
・「事故」「投手と打者」「トマト栽培」の絵カード

【やり方】
①絵カード「事故」を見せて、「この自動車はどうしたのですか」などと聞いて、気づいたことを語らせます。
②絵カード「投手と打者」を見せて、「2人は何をやっているのですか」などと聞いて、投手と打者の関わりを語らせます。
③絵カード「トマト栽培」を見せて、植えた苗がどうなっていくかを語らせます。

【留意点】
・概念化では、「事故」「投手と打者」などの絵を見せながら、「どうしたのか、なぜそうなったのか、これからどうなっていくか」などを語らせることによって、過去と現在と未来を関係づけていく指導が大切です。
・未来を知覚することはできませんが、たとえば、「トマトの栽培」の絵を見て、様々な経験や学びから、トマトの苗を植えると、成長し実をつけていくことの予測は可能です。

123

付録 CD-ROM に収録

第4章　『学習シート』を用いた指導

1. はじめに

　本書第1部　理論編に示したように，脳性まひ（痙直型 PVL）をはじめ
とする肢体不自由のある子どもの多くに視知覚認知に特徴が見られることが
わかっています。日々の学習においては，子どもの視知覚の特性に合わせ
て指導の方法，教材を吟味し，子どもにとってわかりやすい指導を行うこと
に加え，一方ではそうした抱える視覚認知の困難さに焦点を当てた指導が
有効な場合もあります。

　今回紹介する『学習シート』は，そうした視知覚に困難さのある子どもを
対象として作成したプリント教材です。次ページ表のように6項目から構成さ
れ，項目ごとにアプローチする視知覚機能が異なります。付録 CD-ROM に
画像データがありますので，適宜印刷してお使いください。

　本シートは，言い方を変えれば子どもが苦手・困難としている側面を際立
たせる教材でもあります。子どもに無理のないよう，取り組む時間や量を調
整していただき，普段の学習の補助教材として使用してください。この学習
シートを通じて，子ども自身が「ここを手で隠せば見やすくなる」「こんな方
法で解いたら一人でできる」などと苦手分野の問題を解決するための手法を
学んだり，先生方自身が支援の方策をつかんだりするきっかけになれば幸い
です。

2. 学習シート（付録 CD-ROM）使用上の留意点

・書字を行えることが前提になります。書字そのものに困難さのある子ども
　に対しては，前述した具体物の教材をお使いください。
・学習シートは右利きの子どもを対象に作成しています。左利きの子どもに

124

使用する場合は，適宜ファイルにあるイラストの位置やレイアウトを入れ替えて書字がしやすいようにしてください。また，子どもの実態に合わせ，大きさ・色・レイアウト等を自由に変えてお使いください。

・子どもがシートそのものに苦手意識を持たないよう，はじめのうちは必ず正解できるシートから実施してください。

3．学習シート（付録 CD-ROM）の内容

1．視－運動

① 点結び（4個，9個，16個）	Excel/PDF
② トンネルぬけて	Excel/PDF
③－1 なぞり絵（学習シート）	Word/PDF
③－2 なぞり絵（テンプレート）	PNG

2．視覚弁別，形の恒常性，形の模写

① 図形探し	Excel/PDF
② 文字・記号探し	Excel/PDF
③－1 模写（部分模写）	Word/PDF
③－2 模写（全体模写）	Word/PDF
③－3 模写（画像）	JPEG, PNG

3．図地弁別

① 図形探し	Word/PDF
② 見つけてなぞろう	Word/PDF
③ 道探し	Word/PDF, JPEG, PNG
④－1 迷路（学習シート）	Word/PDF
④－2 迷路（テンプレート）	Word/PDF

4．視覚閉合

○ たりないのなあに？	TIFF, PDF

5．空間認識（空間位置）

○ 仲間はずれを探せ（向き）	Excel/PDF

6．空間認識（空間関係）

①－1 マスコピー（学習シート）	Word/PDF
①－2 マスコピー（テンプレート）	Word/PDF
①－3 マスコピー（テンプレート：座標付き）	Word/PDF
② 点結び画	Excel/PDF
③ お使いごっこ	Excel/PDF

4. 学習シートを用いた指導

① 視-運動

① 点結び

4個，9個，16個の番号をつけた3種類の用紙を用い，見本にならって番号と番号を線で結びます。

空間認知，視覚記憶，視覚弁別，図地弁別の力も養います。

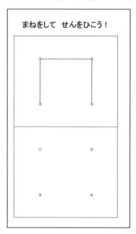
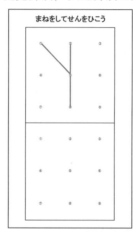
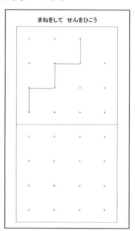

② トンネルぬけて

トンネルや橋を通って，動物が家に帰ったり，獲物をとりに行ったりします。

トンネルや橋の両端にぶつかったり，飛び出したりしないように線で結びます。

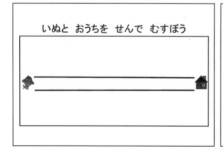
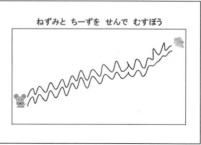

③ **なぞり絵**

　薄い線で書かれた簡単な模様の絵をなぞっていきます。実線と点線のシートを用意しました。

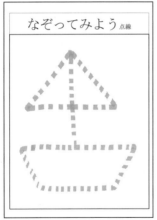

② 視覚弁別，形の恒常性，形の模写

① 図形探し

　いくつかの図形の中から，指定された図形を探し，なぞって描きます。

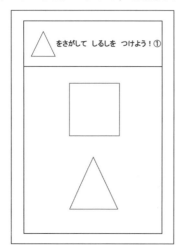 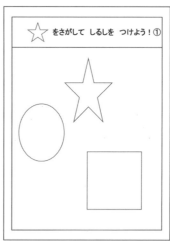

② 文字・記号探し

　いくつかの文字・記号の中から指定された文字・記号を探し，○をつけます。

③ 模写

　見本を見て，足りないところを描きたしたり，簡単な絵を模倣して隣に描きます。

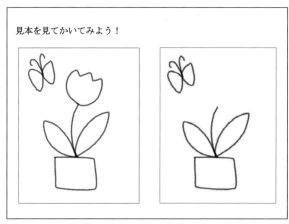

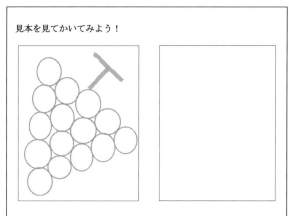

③ 図地弁別

① **図形探し**

　模様のある地の上やいくつかの図形の重なりの中から指定された図形を探し，なぞって描きます。

② **見つけてなぞろう**

　文字・記号や簡単な絵の重なりから指定された図形を探し，なぞって描きます。

③ 道探し

　人や車などが，なめらかに目的地まで到達するように道を選び，道筋をなぞって描きます。

④ 迷路

　全体が見わたせるような簡単な迷路を解きます。

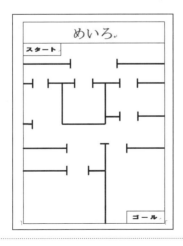
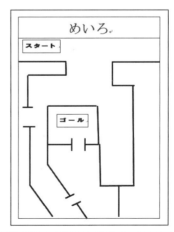

視覚閉合

○ たりないのなあに？

　一部が欠けた図形や文字などを提示し，欠けた部分を描かせます。

【身体】

【事物】

【文字・記号】

「あ」
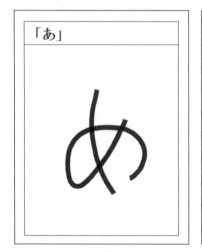

「え」

第2部　実践編

　空間認識（空間位置）

○　仲間はずれを探せ（向き）

　同じような図形，絵，文字・記号が並ぶ中から，向きや位置関係の異なる物を見つけ出します。

【図形】

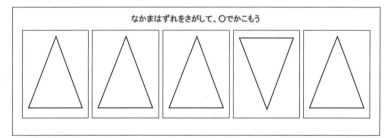

【絵】

【文字・記号】

6 空間認識（空間関係）

① マスコピー

4，9，16，25のマス目の用紙を用います。

左のマス目の見本に従って，同様に右のマス目に同じ色のシールを貼っていきます。

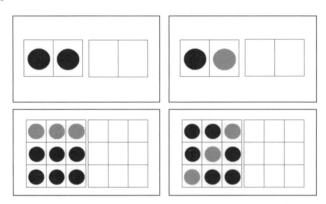

② 点結び画

ドットをつないだ簡単な絵を見て，同じように下に描きます。

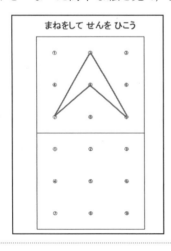
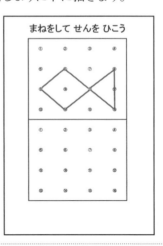

③ お使いごっこ

簡単な地図に指示されたとおりに，通り道を描きます。

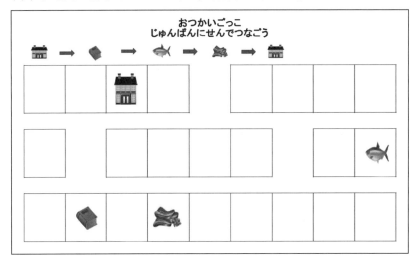

資　料

知覚－運動能力
発達月齢表

知覚－運動能力発達月齢表

領域	項　目	研究紀要記載の月齢(歳；か月)	その他の発達検査での月齢
身体認知	鏡に映った自分の姿をたたく	0;7	○遠城寺・乳幼児分析的発達検査表 ・鏡を見て、笑ったり話しかけたりする 　→ 0;7 ～ 0;8
	顔を拭かれるといやがる	0;9	○遠城寺・乳幼児分析的発達検査表 ・0;7 ～ 0:8 ・顔に布をかけられて不快を示す→ 0;2 ～ 0;3 ○「乳幼児精神発達診断法　付表『精神発達行動項目一覧表』津守・稲毛式」より ・0;7
	人の鼻、眼、頭髪など 2 ～ 3 か所指す	1;6	
	人形の各部分を 3 つ以上指す	1;8	
	人形の各部分を 5 つ以上指す	1;1	
	自分の鼻、眼、口、耳を指す	2;0	○遠城寺・乳幼児分析的発達検査表 ・目、耳、口、手、足→ 1;6 ～ 1;9 　鼻、髪、歯、舌、へそ、爪→ 2;0 ～ 2;3 ○「乳幼児精神発達診断法　付表『精神発達行動項目一覧表』津守・稲毛式」より ・目、耳、口その他身につけているものを尋ねると指す→ 1;3
移動	腹ばいで前後に‘はいはい’する	0;6 ～ 0;9	○「乳幼児精神発達診断法　付表『精神発達行動項目一覧表』津守・稲毛式」より ・腹ばいにするとうしろに進む→ 0;9
	交互四つ這い・支え歩き	0;8	○「乳幼児精神発達診断法　付表『精神発達行動項目一覧表』津守・稲毛式」より ・はいはいをする(いろいろな形のはいはいを含む)→ 0;10
	つたい歩き	0;11 ～ 1;0	○遠城寺・乳幼児分析的発達検査表 ・0:10 ～ 0:11 ○「乳幼児精神発達診断法　付表『精神発達行動項目一覧表』津守・稲毛式」より ・0;11
	片手ひき歩き	1;0	○「乳幼児精神発達診断法　付表『精神発達行動項目一覧表』津守・稲毛式」より ・手をひいて歩かせると足を交互に運ぶ 　→ 0;11
	一人歩き	1;3	○遠城寺・乳幼児分析的発達検査表 ・2, 3 歩歩く→ 1:0 ～ 1:2 ○「乳幼児精神発達診断法　付表『精神発達行動項目一覧表』津守・稲毛式」より ・2, 3 歩一人で歩く→ 1;3

【資料】 知覚−運動能力発達月齢表

領域	項　目	研究紀要記載の月齢（歳；か月）	その他の発達検査での月齢
姿勢とバランス	腹ばいで頭を起こす	0;3	○遠城寺・乳幼児分析的発達検査表 ・腹ばいで少し頭をあげる→ 0;1 ～ 0:2 ○USDT（上田式子どもの発達簡易検査） 　※小数点（週）は省略 ・0;1 ～ 0;3 ○「乳幼児精神発達診断法　付表『精神発達行動項目一覧表』津守・稲毛式」より ・0;3
	支えて座らせると常に頭をまっすぐ保持する	0;5	○USDT（上田式子どもの発達簡易検査） 　※小数点（週）は省略 ・0;3 ～ 0;4 ○「乳幼児精神発達診断法　付表『精神発達行動項目一覧表』津守・稲毛式」より ・0;5
	・四つ這い ・わずかながら一人座りする	0;8	○遠城寺・乳幼児分析的発達検査表 ・一人で座って遊ぶ→ 0;7 ～ 0;8 ○USDT（上田式子どもの発達簡易検査） 　※小数点（週）は省略 ・0;6 ～ 0;7 ○「乳幼児精神発達診断法　付表『精神発達行動項目一覧表』津守・稲毛式」より ・支えをしていすに座らせると 20 分ぐらいは座っている→ 0;5
	・安定した座位を保つ ・座位から腹ばい、腹ばいから座位への姿勢変換を行う	0;7	○遠城寺・乳幼児分析的発達検査表 ・一人で座って遊ぶ→ 0;7 ～ 0;8 ○「乳幼児精神発達診断法　付表『精神発達行動項目一覧表』津守・稲毛式」より ・しばらくの間、支えなしで座っている 　→ 0;6
	・一人で椅子にかける ・両足で飛び上がり始める	1;6	○遠城寺・乳幼児分析的発達検査表 ・両足とび→ 2:0 ～ 2:3 ○「乳幼児精神発達診断法　付表『精神発達行動項目一覧表』津守・稲毛式」より ・両足でピョンピョン飛ぶ→ 2;0
	バランスを失わず、ボールをける	2;0	○遠城寺・乳幼児分析的発達検査表 ・ボールを前に蹴る→ 1:9 ～ 2:0
	片足立ちをしようとする	2;6	○遠城寺・乳幼児分析的発達検査表 ・足を交互に出して階段を上る→ 2:3 ～ 2:6
	何秒間か片足でたっている	3;0	○遠城寺・乳幼児分析的発達検査表 ・2:9 ～ 3:0
	・片足ではねる ・片足立ち（4 ～ 8 秒）	4;0	○遠城寺・乳幼児分析的発達検査表 ・3:8 ～ 4:0 ○USDT（上田式子どもの発達簡易検査） 　※小数点（週）は省略 ・片足立ち（5 秒）→ 4;2 ～ 4;7 ・片足立ち（10 秒）→ 5;0 ～ 5;5 ○「乳幼児精神発達診断法　付表『精神発達行動項目一覧表』津守・稲毛式」より ・片足でけんけんをして飛ぶ→ 3;0 ～ 4;0

領域	項　目	研究紀要記載の月齢（歳；か月）	その他の発達検査での月齢
姿勢とバランス	両足で飛び跳ねる	2;0 ～ 2;5	○遠城寺・乳幼児分析的発達検査表 ・2:0 ～ 2:3 ○USDT（上田式子どもの発達簡易検査） ※小数点（週）は省略 ・2;2 ～ 2;8 ○「乳幼児精神発達診断法　付表『精神発達行動項目一覧表』津守・稲毛」より ・両足でぴょんぴょんと飛ぶ→ 2;0
手の動作	把握反射	0;1 ～ 0;4	○遠城寺・乳幼児分析的発達検査表 ・0:0 ～ 0:1 ○「乳幼児精神発達診断法　付表『精神発達行動項目一覧表』津守・稲毛式」より ・触れたものを握っている→ 0;1
	がらがらを持たせると1分以上握る	0;3	○遠城寺・乳幼児分析的発達検査表 ・0;4 ～ 0;5 ○「乳幼児精神発達診断法　付表『精神発達行動項目一覧表』津守・稲毛式」より ・がらがらを少しの間握っている→ 0;3
	自発的に物をつかむ	0;5	○遠城寺・乳幼児分析的発達検査表 ・0;5 ～ 0;6 ○「乳幼児精神発達診断法　付表『精神発達行動項目一覧表』津守・稲毛式」より ・身体のそばにあるおもちゃに手を伸ばしてつかむ→ 0;5
	つみきを手から手へ移す	0;7	○遠城寺・乳幼児分析的発達検査表 ・0;6 ～ 0;7 ○「乳幼児精神発達診断法　付表『精神発達行動項目一覧表』津守・稲毛式」より ・がらがらを一方の手から他方の手に持ちかえる→ 0;6
	物に手を伸ばすために姿勢をかえる（たとえば、前にかがむ）	0;8	○「乳幼児精神発達診断法　付表『精神発達行動項目一覧表』津守・稲毛式」より ・すわっていて、背後にあるものなどを身体をねじっていたずらする→ 0;8
	干しぶどう大のものを親指と他の指でつまむ	0;9	○遠城寺・乳幼児分析的発達検査表 ・親指と人差し指でつかもうとする→ 0;7 ～ 0;8 ○USDT（上田式子どもの発達簡易検査） ※小数点（週）は省略 ・親指を使ってつかむ→ 0;9 ～ 0;10 ○「乳幼児精神発達診断法　付表『精神発達行動項目一覧表』津守・稲毛式」より ・床に落ちている小さなものを注意して拾う→ 0;8 ・這っていって小さいものをつまみ、口に入れる→ 0;10
	・親指と人差し指で物をとろうとする ・バイバイと手を振る ・積み木を積む（3個:1:6、5～7個:2:0）	0;10	○遠城寺・乳幼児分析的発達検査表 ・積木（2個）→ 1;2 ～ 1;4 ○USDT（上田式子どもの発達簡易検査） ※小数点（週）は省略 ・積木を積む（2個）→ 1;4 ～ 1;6 ・積木を積む（4個）→ 1;8 ～ 2;2

【資料】 知覚－運動能力発達月齢表

領域	項　目	研究紀要記載の月齢 (歳；か月)	その他の発達検査での月齢
			・積木を積む (8個) → 2;10 ～ 3;0 ○「乳幼児精神発達診断法　付表『精神発達行動項目一覧表』津守・稲毛式」より ・「イヤイヤ」「ニギニギ」「バイバイ」などの動作をする→ 0;9 積木を2つ3つ重ねる→ 1;6
	そばにいる相手にボールをころがす	0;11	○「乳幼児精神発達診断法　付表『精神発達行動項目一覧表』津守・稲毛式」より ・まりを受け取ったり、投げたりを繰り返す→ 1;9
	床に物を投げ始める	1;0	○「乳幼児精神発達診断法　付表『精神発達行動項目一覧表』津守・稲毛式」より ・物を何度も繰り返し落とす→ 0;8
	ボールを落とさないで投げる	1;6	
	ページを1枚1枚めくる	2;0	○「乳幼児精神発達診断法　付表『精神発達行動項目一覧表』津守・稲毛式」より ・本を一人でかなり長い間見て楽しんでいる→ 2;0
	位置関係を理解する	2;0 ～ 3;0	
	・ボールの下手投げ、上手なげをする ・上、下、横、後がわかる	4;0	
	左右がわかる	6;0	○遠城寺・乳幼児分析的発達検査表 ・4;4 ～ 4;8
色への関心	色板を無色板よりもよくみる	0;4 ～ 0;5	
色の名称	赤、青などの色の名前がわかり、その正しい色をさす	2;0 ～ 2;6	○「乳幼児精神発達診断法　付表『精神発達行動項目一覧表』津守・稲毛式」より ・赤、青などの色の名前がわかり、その正しい色を指す→ 2;0
	色の名前が4色以上わかり、その正しい色をさす	5;0 ～ 6;0	○遠城寺・乳幼児分析的発達検査表 ・赤、青、黄、緑がわかる→ 2;9 ～ 3;0
色の分類 (マッチング)	黒、赤、黄、青、緑のマッチング（色合わせ）をする ※各色2枚ずつの色板を用意する	2;0 ～ 2;3	
色の配列	2色からなる簡単なブロックデザインを模倣する	3;0	
形の弁別	絵本の絵がわかるようになる（たとえば、自動車や犬の絵など）	1;6	○遠城寺・乳幼児分析的発達検査表 ・絵本を読んでもらいたがる→ 1;4 ～ 1;6 ○「乳幼児精神発達診断法　付表『精神発達行動項目一覧表』津守・稲毛式」より ・絵本を飽きずに見る→ 0;11 ・絵本などのページをめくる→ 0;11

領域	項　目	研究紀要記載の月齢（歳；か月）	その他の発達検査での月齢
形の弁別	○、△、□のうち1つは確実に見分ける	2;0	
	○、△、□をほぼ見分ける	2;0～3;0	
	正三角形、半円、十字形、菱形の形板を4つともはめる	2;8～3;0	
	・十字形、円、正方形、星形を見分ける ・2つに切断した人や木の絵を合わせる	3;0	
	正方形、台形、八角形といった図形8～10枚のマッチング（形あわせ）をする	4;0	
大小の弁別	円、正方形、三角形について大小がわかる	4;0～5;0	○遠城寺・乳幼児分析的発達検査表 ・大きい、小さいがわかる→2;3～2;6
方向の弁別	方向の差異を理解する	5;0～6;0	
模　写	なぐりがき	～1;0	○遠城寺・乳幼児分析的発達検査表 ・0;11～1;0 ○USDT（上田式子どもの発達簡易検査） 　※小数点（週）は省略 ・1;1～1;4 ○「乳幼児精神発達診断法　付表『精神発達行動項目一覧表』津守・稲毛式」より ・1;0
	・たて線、よこ線のまねがき ・円のまねがき ・十字形のまねがき	2;0～3;0	○ VMI(視覚―運動統合発達検査　検査手引きより) ・垂直線…1:9(模倣)、2:10(模写) ・水平線…2:6(模倣)、3:0(模写)
	・たて線、よこ線の模写 ・円の模写	3;0～4;0	・円…1:11(なぐりがき)、2:9(模倣)、3:0(模写) ・十字線…4:1(模写)
	・十字形の模写 ・正方形の模写 ・右斜線の模写 ・左斜線の模写	4;0～5;0	・右斜線…4:4(模写) ・正方形…4:6(模写) ・左斜線…4:7(模写) ○遠城寺・乳幼児分析的発達検査表 ・鉛筆でぐるぐる丸を書く→1;6～1;9 ・丸を書く（まねがき）→2;6～2;9 ・十字を書く→3;4～3;8 ・まねて直線を引く→2;3～2;6 ○USDT（上田式子どもの発達簡易検査） 　※小数点（週）は省略 ・円の模写→4;0～4;8 ・十字の模写→3;8～4;1 ・四角形の模写→5;7～7;1

【資料】 知覚−運動能力発達月齢表

領域	項　目	研究紀要記載の月齢(歳；か月)	その他の発達検査での月齢
模　写			○「乳幼児精神発達診断法　付表『精神発達行動項目一覧表』津守・稲毛式」より なぐりがきをする→ 1;0 鉛筆などで曲線を書く（ぐるぐる丸を書く）→ 1;9 鉛筆・クレヨンなどで丸を書く（一つの丸）→ 3;0 画用紙いっぱいに絵を描いて色を塗る（片隅に小さく描くだけでなく）→ 3;6 思ったものを絵に描く（電車・花・人など）→ 5;0 絵の具で絵を描く→ 6;0
	三角形の模写	5;0 〜 6;0	
	菱形の模写	6;0 〜 7;0	

○斎藤秀元、竹内光春、中井滋、柳本雄次、山下皓三（1981）：脳性まひ児の知覚ー運動学習ー測定と評価の試みー、東京教育大学附属桐が丘養護学校（研究紀要、第 13 巻）、P 139-149 より引用
※○「乳幼児精神発達診断法　付表『精神発達行動項目一覧表』津守・稲毛式」について…文献内の表記が月齢による表記 (1;6 であれば 0;18) のため、12 カ月以降を指す項目については年齢換算にて表記した。

引用・参考文献

1 ）Ebersole,M., Ebersole,J. and Kephart,N.C.（1968）Steps to Achievement for the Slow Learners, Charles E. Merrill Publishing Company.

2 ）ハーロー,H.F 著；浜田寿美男訳（1978）愛のなりたち，ミネルヴァ書房

3 ）井上洋子ほか（1974）入門期のレディネス形成に関する研究　東京教育大学附属桐が丘養護学校研究紀要　第 7・8 巻，第 10 巻

4 ）石部元雄（1978）肢体不自由児の教育，ミネルヴァ書房

5 ）石部元雄・斎藤秀元・竹内光春・山下皓三創案（1975）PLM 知覚運動学習教具，竹井機器工業株式会社

6 ）川村秀忠（1993）新版学習障害—その発見と取り組み，慶應義塾大学出版会

7 ）文部省（1987）肢体不自由教育における養護・訓練の手引き，日本肢体不自由児協会

8 ）中村敬子ほか（1994-1999）障害の重い子どもの知覚運動学習　東京教育大学附属桐が丘養護学校研究紀要　第 33 巻，第 34 巻，第 35 巻，第 36 巻，第 37 巻，第 38 巻

9 ）中司利一編（1982）感覚・知覚の発達（宮本・細村編「感覚・知覚」講座障害児の発達と教育），学苑社

10）中司利一（2002）障害者心理—その理解と研究法，ミネルヴァ書房

11）N. ケファート（大村実訳）（1976）発達障害児（上），医歯薬出版

12）斎藤秀元ほか（1976-1985）脳性まひ児の知覚運動学習　東京教育大学附属桐が丘養護学校研究紀要　第 12 巻，第 13 巻，第 14 巻，第 16 巻，第 17 巻，第 18 巻，第 20 巻，第 21 巻，第 22 巻，第 23 巻，第 24 巻

13）斎藤秀元ほか（1986-1987），障害の重い子どもの知覚運動学習　東京教育大学附属桐が丘養護学校研究紀要　第 25 巻，第 26 巻

14）斎藤秀元ほか（1993）子どもが喜ぶ感覚運動あそび 40 選—障害の重い子どものために，福村出版

15）坂本茂ほか（1989-1992）障害の重い子どもの知覚運動学習　東京教育大学附属桐が丘養護学校研究紀要　第 28 巻，第 29 巻，第 30 巻，第 31 巻

16）坂本茂・佐藤孝二・加藤裕美子・清水聡・向山勝郎・成田美恵子・武部綾子（2014）障害の重い子どもの知覚運動学習—ふれあいあそび教材とその活用，ジアース教育新社

17）坂本龍生編（1982）障害児の感覚運動指導，学苑社

18）田口恒夫（1984）育児とことば，弓立社

19）竹内光春（1985）運動障害児のリズム運動，ぶどう社

20）竹内光春（1992）幼児と障害のある子のリズムうたあそび，ぶどう社

21）遠城寺宗徳（1958）遠城寺式乳幼児分析的発達検査，慶応通信

22）津守真ほか（1961）津守式乳幼児精神発達検査，大日本図書

23）上田礼子（2011）上田式子ども発達簡易検査 USDT，医歯薬出版

24）Keith Beery 著，中司利一・中井滋訳（1987）視覚−運動統合発達検査（VMI）検査マニュアル，日本アビリティーズ協会

25）飯鉢和子・鈴木陽子・茂木茂八（2009）フロスティッグ視知覚発達検査，日本文化科学社

あとがき

　特殊教育から特別支援教育への転換に伴って，今まで対象ではなかった LD や ADHD などの障害のある子どもたちも教育対象に含まれるようになりました。特別支援教育でも児童生徒一人ひとりの教育的ニーズを把握して当該児童生徒の持てる力を高め，生活や学習上の困難を改善・克服するための適切な教育や指導を通して，必要な支援を行うことが求められています。

　必要な支援や適切な指導で中核になるものは自立活動です。自立活動の指導方法は，養護・訓練の時代から様々な指導法が開発されてきましたが，私たちの研究グループの知覚－運動学習もその一つです。知覚－運動学習研究グループでは，それぞれの時代の要請と様々な児童生徒の実態に合わせた学習教材を作成し，それを用いた教育実践に意欲的に取り組んでまいりました。

　2014 年に，障害の重い子どもたちを対象にした『障害の重い子どもの知覚－運動学習―ふれあいあそびとその活用』を刊行したところ，読書の方々からは「紹介された遊びや教材を授業で楽しく効果的に使わせていただいています」といった声が多く寄せられています。

　今回は，比較的軽度な児童生徒を対象にした学習教材を中心にまとめてみました。障害の重い子どもを指導している先生方だけでなく，知覚－運動面や視知覚面に課題のある幼児児童生徒を指導されている多くの先生方にも，ぜひご活用いただければと思います。

　なお，本書をまとめるにあたっては，知覚－運動学習研究グループの先生方をはじめとして，若木由香先生，杉林寛仁先生，有井香織先生など，当校の多くの先生方から多大なご支援とご協力をいただきました。厚くお礼を申し上げます。

　本書の内容等については，筑波大学附属桐が丘特別支援学校知覚－運動学習研究グループまでお問い合わせください。

　最後に，本書の出版にご尽力いただいたジアース教育新社と同社編集部のみなさまに厚く御礼を申し上げます。

平成 29 年 10 月

執筆者一同

付録 CD-ROM の内容

1. 『学習カード』

領　域	分　野	カード名
1. 色に関する指導	①色の弁別	赤, 青, 黄
	②色の名称	赤, 青, 黄, 緑, 紫, 黒, 白, 橙 (オレンジ)
	③濃淡の弁別	赤, 濃い赤, 淡い赤 緑, 濃い緑, 淡い緑
2. 音に関する指導	①音の経験と名称	笛, たて笛, ギター, 鉄琴, ピアノ, たいこ, カスタネット
	②音の聞き分け	せみ, ねずみ, ひよこ, ねこ
	③音の強弱	―
	④音の記憶	タンバリン, 鈴, たいこ
	⑤音・音声の分離	タンバリン, 鈴, たいこ, ピアノ
3. 形に関する指導	①形の異同弁別	まる, 三角形, 正方形, 長方形, 十字形
	②形の名称	まる, 三角形, 正方形, 長方形, 十字形
	③形の記憶	まる, 三角形, 正方形, 長方形, 十字形
4. 体に関する指導	①身体認知・概念 (顔で足りないところ)	眉毛, 目, 鼻, 口, 耳
	②身体認知・概念 (手足で足りないところ)	腕, 足
	③身体認知・概念 (顔・体の各部の名称とはたらき)	顔, 体
	④身体技能 (動作の模倣)	両手を頭, 両手を上1・2, 両手を交差, 両手を肩, 両手を横, 左手を上
5. 概念化のための指導	果物	なし, メロン, りんご, バナナ, みかん
	野菜	だいこん, キャベツ, さつまいも, にんじん
	楽器	笛, たて笛, 鉄琴, ギター, タンバリン, カスタネット, たいこ, ピアノ, 鈴
	動物	きりん, ぞう, しまうま, パンダ, ライオン, ねこ, いぬ, ねずみ, ひよこ
	虫	とんぼ, ちょうちょ, ばった, かまきり, かぶとむし, せみ
	魚	きんぎょ, たい, めだか
	鳥	すずめ, はと
	乗り物	バス, 自動車, オートバイ, 電車, 飛行機, 船
	食べ物・飲み物	ラーメン, スパゲティ, パン, カレーライス, チョコレート, あめ (飴), 飲み物 (ジュース)
	食事道具	スプーン, フォーク, おさら, おわん, コップ, はし
	衣服	ズボン, スカート, くつした, シャツ
	文房具	えんぴつ, 消しゴム, ふでばこ, 定規, ノート, クレヨン
	学習用具	机, いす
	家電製品	エアコン, 洗濯機, テレビ
	植物栽培	トマト栽培
	スポーツ	投手と打者

【資料】 知覚−運動能力発達月齢表

5．概念化のための指導		出来事	事故
	音・音声		笑った顔，泣いた顔 電話，時計，掃除機，ドア，パトカー
	働く人		学校の先生，パン屋さん，お医者さん，建設作業員，事務員，パイロット

2．『学習シート』

1．視−運動	
① 点結び（4個，9個，16個）	Excel/PDF
② トンネルぬけて	Excel/PDF
③−1 なぞり絵（学習シート）	Word/PDF
③−2 なぞり絵（テンプレート）	PNG

2．視覚弁別，形の恒常性，形の模写	
① 図形探し	Excel/PDF
② 文字・記号探し	Excel/PDF
③−1 模写（部分模写）	Word/PDF
③−2 模写（全体模写）	Word/PDF
③−3 模写（画像）	JPEG，PNG

3．図地弁別	
① 図形探し	Word/PDF
② 見つけてなぞろう	Word/PDF
③ 道探し	Word/PDF，JPEG，PNG
④−1 迷路（学習シート）	Word/PDF
④−2 迷路（テンプレート）	Word/PDF

4．視覚閉合	
○ たりないのなあに？	TIFF，PDF

5．空間認識（空間位置）	
○ 仲間はずれを探せ（向き）	Excel/PDF

6．空間認識（空間関係）	
①−1 マスコピー（学習シート）	Word/PDF
①−2 マスコピー（テンプレート）	Word/PDF
①−3 マスコピー（テンプレート：座標付き）	Word/PDF
② 点結び画	Excel/PDF
③ お使いごっこ	Excel/PDF

※『学習カード』『学習シート』は，子どもの実態に合わせ，大きさ・色・レイアウト等を自由に変えてお使いください。

監　修	
川間 健之介	筑波大学人間系教授
	前　筑波大学附属桐が丘特別支援学校長
執筆者一覧	

第1部
第1章　　坂本 茂

第2章　　清水 聡

第3章　　佐藤 孝二

第2部
第1章　　坂本 茂（イラスト　小泉 清華）

第2章　　佐藤 孝二

第3章　　坂本 茂（イラスト　小泉 清華）

第4章　　清野 祥範・小泉 清華・佐藤 孝二

授業で生きる 知覚－運動学習
障害のある子どもの知覚や認知の発達を促す学習教材

2017 年 11 月 15 日　第 1 版第 1 刷発行

- ■監　修　　川間 健之介
- ■編　著　　坂本 茂・佐藤 孝二・清水 聡・清野 祥範・小泉 清華
- ■発行人　　加藤 勝博
- ■発行所　　株式会社 ジアース教育新社

　　　　　〒 101-0054　東京都千代田区神田錦町 1-23　宗保第 2 ビル
　　　　　TEL 03-5282-7183 FAX 03-5282-7892
　　　　　E-mail：info@kyoikushinsha.co.jp
　　　　　URL：http://www.kyoikushinsha.co.jp/

- ■表紙カバーイラスト　　小泉 清華
- ■表紙カバー・本文デザイン・DTP　　土屋図形株式会社
- ■印刷・製本　　シナノ印刷株式会社

Printed in Japan

ISBN978-4-86371-442-7

定価はカバーに表示してあります。

乱丁・落丁はお取り替えいたします。（禁無断転載）